상담 프로그램 영역 4

주의집중을 위한
학습전략 프로그램

김동일 저

상 담 학 Best Practice 시리즈

학지사

발간사

"상담학은 상담에 관한 이론 연구뿐만 아니라 그 실천에 대한 연구 또한 중요하다."라는 명제에 대해 대부분의 상담학도들이 동의하리라 생각된다. 현재 우리나라에는 이미 수백 명의 상담학 전문가가 활동하고 있으며 수천 명의 학생들이 전문가가 되기 위한 수련을 하고 있다. 우리 상담전문가들은 청소년, 교육, 복지, 기업, 군대, 법원, 진로개발 등 여러 분야에서 전문적 활동을 하면서 국가와 사회에 공헌하고 있다. 상담의 실제는 이미 다양한 분야와 영역에 걸쳐 발전하고 있는 것이다.

'상담학 Best Practice 시리즈'는 실제 상담현장에서 수고하는 많은 상담전문가들의 실천 경험을 기반으로 하여 기존의 상담학 교재들의 이론 중심 내용에서 벗어나, 보다 실제적이고 상담현장에서 쉽게 적용해 볼 수 있는 사례 중심의 실천적 상담교재라 할 수 있다. 상담학 Best Practice 시리즈는 상담기법 영역, 상담문제 영역, 상담 프로그램 영역, 상담자 전문성개발 영역 등 총 4개 영역으로 구성되었다. 이론보다는 실제 사례를 통해 이론과 기법들이 사례에 어떻게 적용되는지 그 과정과 절차를 자세히 기술하여 상담자들의 실천적 지식을 높이고자 하였으므로, 상담학에 입문한 전공자나 학교 현장의 전문상담교사 그리고 전국의 청소년상담센터 상담전문가들에게 실제적인 도움이 될 수 있을 것이다.

이 시리즈는 한국 상담학계에서 활발히 활동하고 있는 상담학 교수 및 박사들로 구성된 각 영역의 전문가들이 힘을 모아서 집필한 결실이다. 이 시리즈가 출간될 수 있도록 애써 주신 집필진 모두에게 편집위원회를 대표하여 진심으로 고마움을 전한다. 아울러 상담학 Best Practice 시리즈가 출간될 수 있도록 아낌없이 지원해 주신 학지사 김진환 사장님과 최임배 상무님을 비롯한 관계자 여러분께도 감사드린다.

2007년

상담학 Best Practice 시리즈 편집위원회 위원장

김계현

머리말

학습부진에 대한 설명 중 전략-결손(strategy-deficit)의 개념은 변화 가능하며 교육적으로 중재가 가능한 요인이라는 점에서, 또한 학습자의 능동적인 역할을 강조하고 있다는 점에서 각광받고 있다. 실제로 많은 연구를 통해 학습전략의 차이가 학습성과의 차이를 가져온다는 사실이 밝혀졌으며, 이와 같은 연구 결과를 바탕으로 다양한 학습전략 프로그램들이 개발되어 활용되고 있다. 그러나 종종 학습자들은 학습과정에서 전략을 사용하지 않는데, 그 이유 가운데 하나는 인지적 모니터링(cognitive monitoring)의 부족 때문이다. 인지적 모니터링은 메타인지(metacognition)의 주요 기능이며, 이러한 점에서 다양한 학습전략 중 메타인지 학습전략은 그 중요성이 강조되고 있다. 또한 인지과정 중 주의과정(attention process)은 정보를 처음 받아들이고 처리하는 과정으로서, 이후의 인지적 처리과정의 기초가 된다. 이러한 점에서 주의과정에 대한 메타인지적 모니터링 및 통제는 이후의 학습 및 다른 여러 전략의 활용을 가능하게 한다는 점에서 매우 중요하다.

이 책에서는 주의과정에 초점을 맞춘 총 3회기 메타인지 학습전략을 제시하였으며, 이 프로그램은 주의과정에 대한 모니터링 및 통제를 주요 내용으로 한다. 본 프로그램의 적용 전·후에 나타나는 초등학생들의 전략 사용상의 변화를 확인하기 위하여, 사전·사후검사로 청소년 학습전략 검사(Assessment of Learning Strategies for Adolescents: ALSA)를 활용할 수 있으며, 검사 결과의 해석은 김동일(2007)의 『알자(ALSA) 청소년 학습전략 검사 실시요강』을 참고할 수 있다.

학교 현장에서 본 프로그램을 시범 실시한 결과, 사전검사 점수의 영향을 통제하고 난 후에도 통제집단(N=33)에 비해 실험집단(N=77)의 사후검사 점수의 향상이 통계적으로 유의하였다($F=4.54$, $p<.05$). 이는 본 프로그램이 학생들의 인지·메타인지 전략 사용상의 향상에 긍정적인 영향을 준다는 것을 검증한 것이다. 또한 본 프로그램의 적용가능성에 대해 평정한 결과, 본 프로그램을 교사가 실시하거나 학생들이 이해하는 데 전반적으로 어려움이 없을 것으로 평가되었다. 또 학생들의 응답에 나타난 만족도 결과 역시 대체로 만족스러운 수준이었다(강지영, 2008).

이 프로그램을 처음 계획하고 개발하여 적용하기까지 약 3년이 소요되었고, 그동안 많은 분들의 노력과 도움에 힘입어 작업이 진행되었다. 학술진흥재단의 한국형 학습장애 모형개발과 서울대학교 교육종합연구원 학습전략연구, 그리고 한국인적자원연구센터의 서울대학교 참여 연구진 및 현장연구 교사(김형수, 허은, 김향숙)의 남다른 노력이 없었다면 이 작업은 끝내기 어려웠을 것이다. 특히 끝까지 프로그램 개발과 수정에 연구원으로 참여하였던 서울대학교 대학원 강지영 선생과 지속적으로 이 연구를 지원해 주었던 학술진흥재단의 관계자들께 감사의 마음을 전하고 싶다. 또한 이 책을 기꺼이 출판하기로 결심한 학지사의 김진환 사장과 편집과 교정을 맡아 수고한 편집부 직원들께도 깊은 감사를 드린다.

관악산 연구실에서
김동일

차 례

1 프로그램의 필요성

학습문제는 우리나라 학생들이 가지고 있는 가장 중요한 고민이다. 물론 이는 다른 여러 요인으로부터 생긴 결과이기도 하지만 그 자체가 다시 여러 가지 문제 영역의 원인으로 작용하기도 하기 때문에 학습부진은 신중하게 고려해야 할 부적응이다(김동일, 2005).

학습부진에 대한 이론적 설명 중 변화가 가능하면서 교육적으로 중재가 가능한 요인을 연구하는 인지행동주의 모델이 주목을 받았으며, 점차 전략-결손(strategy-deficit)의 개념으로 학습곤란을 설명하는 것이 적절하다는 증거가 나타났다(Swanson, 1989). 따라서 학습부진을 겪는 학습자들에게 적절한 인지전략과 메타인지(초인지, 상위인지) 학습전략의 제공은 매우 중요하다. 또한 많은 연구들이 실제로 학습전략의 차이가 학습성과의 차이를 가져온다는 것을 보여 주었는데, 이와 같은 연구 결과는 학습전략 연구의 중요성을 더욱 강조해 준다.

여러 학습전략들은 학습을 촉진한다. 그러나 종종 학습자들은 학습과정에서 전략을 사용하지 않는다. Garner(1990)는 학습자들이 전략을 사용하는 데 실패하는 이유 중 하나로 인지적 모니터링(cognitive monitoring)의 부족을 들고 있다. 인지적 모니터링은 메타인지의 중요 기능 중 하나다. 이러한 점에서 다양한 학습전략 중 메타인지 학습전략은 그 중요성이 강조되고 있다.

정보처리 관점에서 보면 주의집중은 유기체와 환경 간의 상호작용에서 가장 기초가 되는 과정으로서, 사고를 포함하는 모든 심리 기능에 매우 중요한 요소다(최정원, 이영호, 2006). 마찬가지로 학습 장면에서의 주의과정은 교과 내용을 처음 받아들이고 처리하는 과정으로서, 이후의 인지적 처리과정의 기초가 된다. 주의과정과 관련한 학습전략 훈련은 다양한 접근을 통해 이루어져 왔다. 주의과정과 관련한 학습전략 훈련은 학습동기 또는 자원 관리 측면의 접근이 주를 이루고 있다. 그러나 학습동기와 환경 및 자원 관리가 주의과정에 영향을 미치는 중요한 요인임은 분명하지만, 주의과정에서는 학습자의 능동적인 역할이 무엇보다 중요하다. 주의과정에 대한 메타인지적 모니터링 및 통제는 이후 여러 다른 학습전략의 활용을 가능하게 한다는 점에서 그 중요성이 강조된다.

일반적으로 학습자가 능동적으로 학습전략에 관심을 가지고 개발해 나가는 능력은 초등학교 저학년부터 발달하기 시작하여 초등학교 고학년에서 두드러지게 발달한다고 알려져 있다. 특히 초등학교의 3~6학년 시기는 학습내용이나 과제의 난이도가 어려워지는 시기이며, 이 시기의 학습전략의 획득은 이후 중·고등학교 시기의 학습에 중요한 변인이 되므로, 이 시기에 학습전략 프로그램을 통해서 학습방법에 대한 기본을 익히는 것은 매우 의미 있는 일이다. 이에 본 프로그램은 학습전략의 발달이 가장 두드러지는 초등학교 고학년을 주요 대상으로 하고, 주의집중 과정을 중심으로 메타인지 학습전략 프로그램을 제시하고자 한다.

2 이론적 배경

1. 학습전략의 중요성

1) 학습전략 결손으로서의 학습부진

학습문제는 다른 여러 요인으로부터 생긴 결과이기도 하지만 학습문제 자체가 다시 여러 가지 문제 영역의 원인으로 작용하기도 하기 때문에 학습부진은 신중하게 고려해야 할 부적응이다(김동일, 2005). 김동일(2005)은 학습부진아란 '성취검사에서 기대수준에 적절한 성취를 보이지 못하는 아동'이라고 정의하고 있다.

현상을 바라보는 관점은 우리가 어떤 조치를 취해야 할지를 결정짓는다는 점에서 매우 중요하다. 마찬가지로 학습부진을 보는 관점은 우리가 무엇을 연구하고, 무엇을 평가하며, 어떤 개입을 시도해야 할지를 결정짓는다. Poplin(1988)은 지금까지 학습장애를 설명해 온 모델을 다음의 네 가지로 구분하였다.

첫째는 1950년대의 의학적 모델, 둘째는 1960년대의 심리 과정 모델, 셋째는 1970년대의 행동주의적 모델, 마지막은 1980년대 이후의 인지/학습전략 모델이다. 각 연구모형은 학습부진의 원인이 무엇인지에 관하여 각기 다른 관점을 가지는데, 각 모델이 제시한 학습장애 원인론 및 진단(diagnosis), 평가(assessment), 교수(instruction)에 대한 시각을 〈표 1〉에 정리하였다.

이 중 변화가 가능하면서 교육적으로 중재가 가능한 요인을 연구하는 행동주의와 인지행동주의 모델이 주목을 받았으며, 현재까지도 이 두 이론적 배경은 학습부진아 지도에 크게 영향을 미치고 있다. 하지만 행동주의적 접근은 학습자의 정신과정(mental process)보다는 학습의 결과를 강조하며 과제, 환경, 결과에 대한 분석, 계획, 통제를 강조함으로써 학습자의 능동적인 역할을 축소하는 측면이 있다. 이러한 이유로 학습자의 정신과정에 대한 이해의 중요성을 강조한 인지행동주의 모형이 더욱 확산되었다.

이와 같은 연구의 흐름 속에 점차 전략-결손(strategy-deficit)의 개념으로 학습장애아동의 학습곤란을 설명하는 것이 적절하다는 증거가 나타났다(Swanson, 1989). Swanson에 따르면, 학습장애아동은 학습문제를 해결하기 위한 전략이 부족하거나 거의 없는 비효율적인 학습자다. 전략-결손으로 나타난 학업수행수준은 학습장애아동의 기대수준에 도달하는 데 일종의 장애 요인이 된다. 김동일(1999)은 전략-결손이라는 점에서 학습장애를 바라보면, 학습장애란 부적절한 전략을 사용하는 학

〈표 1〉 학습장애에 관한 이론적 모델 개관(Poplin, 1988)

	의학적 모델	심리 과정 모델	행동주의적 모델	인지/학습전략 모델
원인론	뇌손상 또는 뇌기능장애	미소뇌기능장애	학습된 행동의 결핍 또는 학습된 부적응 행동	정보를 처리하는 전략 또는 공부기술의 부족
진단	대부분 신경학적 진단	가벼운 신경학적 징후, 심리 과정 검사, 지능검사와 학업수행검사	IQ와 학업성취 간의 불일치, 준거참조 검사, 구체적 학업수행 관찰	IQ와 학업성취 간의 불일치, 인지기술 검사와 구체적 전략 사용 관찰
평가	학업수행평가, 대부분 일화적 사례연구	심리 과정, 기초 학업 기능	과제 분석을 바탕으로 한 행동 평가, 강화 수반성 조사	성공적 학습자가 사용하는 인지/학습 전략을 바탕으로 한 행동 및 과정 평가
교수	매우 구조화되어 있고 혼란 요소가 없는 환경, 신경학적 훈련, 기초 기능에 대한 강조, 약물치료	심리학적 또는 심리언어학적(psycholinguistic) 훈련. 실제 학업 기술에 대한 강조는 약함; 약물치료, 감각통합, 양식훈련 등	과제 행동 분석을 통한 직접교수와 강화 원리의 적용	성공적 학습자가 사용하는 전략을 직접 가르침, 자기조절·자기대화 원리 사용
대표학자	Werner, Strauss, Lehtinen, Cruickshank	Kirk, Frostig, Minskoff, Kephart, Barsch	Lovitt, Carnine, Jenkins, Haring, Bateman	Torgesen, Hallahan, Meichenbaum, Wong

습자 또는 전략 사용을 통한 학습에 적극적으로 참여하지 않는 학습자이며, 이들은 메타인지의 어떤 영역에서 어려움을 가지고 있는 것으로 추정하고 있다.

학습부진아의 특징을 더 구체적으로 살펴보면, 그 특징이 다음 세 가지로 요약됨을 알 수 있다(김동일, 2005). 첫째는 인지적 결함이다. 때문에 중요한 학습과제에 집중하기가 어렵고, 주의집중을 지속적으로 유지하거나 선택적으로 주의집중하는 데 어려움을 겪는다. 이들은 또한 작업기억(working memory)에서도 결함을 보인다. 작업기억은 단기기억의 정보를 연습, 반복학습, 시연하는 등의 노력을 통해 지식의 재생, 복구, 만회, 수정 등이 일어나도록 하는 과정이다. 정보는 이러한 과정을 거쳐야 장기기억될 수 있지만 학습부진아는 이 과정에서 적절한 전략을 사용하지 못하는 것으로 보인다. 둘째는 메타인지적 측면의 결함이다. 학습에 어려움을 겪는 아동들은 계획, 점검, 교정, 평가, 숙고 등 자신의 인지활동을 스스로 조정하는 메타인지 능력이 부족하다(Wong, 1992; Zimmerman & Pons, 1986). 셋째는 정서적, 동기적 결함이다. 인지전략 및 메타인지 전략의 실패로 낮은 학업성취를 경험하게 되면서 정서적, 동기적 측면에서 뚜렷한 결함이 발생한다. 즉, 학습부진 및 학습장애아들은 자아개념이나 자아효능감이 낮고, 자신의 능력을 부정확하게 지각하며, 실패를 능력 부족에 귀인시킨다(Borkowski, Weyhing, & Carr, 1988; Chapman, 1988). 학습영역에서의 실패는 자아효능감을 낮추며, 낮아진 자아효능감은 학습과정을 살펴보고 조정하기 위한 노력을 다시 감소시키는 악순환을 발생시킨다.

따라서 이와 같은 특징을 가진 학습부진아들에게 적절한 학습전략의 제공은 매우 중요하다. 또한 많은 연구들이 실제로 학습전략의 차이가 학습성과의 차이를 가져온다는 것을 보여주었으며(김동일, 2003; Brown, 1978, 1980; Brown, Campione, & Day, 1981; Flavell, 1979; Flavell & Wellman, 1977), 이와 같은 연구 결과는 학습전략 연구의 중요성을 더욱 강조해 주고 있다.

2) 학습전략의 정의 및 분류

Dansereau(1985)는 학습전략을 정보의 획득, 저장 그리고 활용을 촉진할 수 있는 일련의 과정 또는 단계로 정의한다. Weinstenin과 Mayer(1986) 또한 학습전략이란 정보의 기억, 획득, 재생과정을 촉진시킬 수 있는 모든 종류의 인지과정과 행동, 즉 낮은 수준부터 높은 수준까지의 정보처리 활동을 모두 포함하는 것으로 정의하고 있다. 이러한 정보처리 활동으로서의 인지적 전략 외에도 학습자의 감정상태 관리를 위한 정의적 전략, 동기화 수준을 유지하려는 동기화 전략, 학습의 상태를 유지하려는 전략(주의집중전략, 시간관리전략 등) 역시 넓은 의미의 학습전략 개념에 포함할 수 있다(김동일, 2005). Jones (1983)는 학습전략이란 학습을 촉진시키기 위하여 학습자가 사용하는 여러 가지 정신적 조작이라고 정의하면서, 이러한 학습전략은 의식적이든 무의식적이든 간에 목적지향적인 구체적 행동이라고 하였다.

Weinstein과 Mayer(1986)는 학습전략이란 학습하는 동안 학습자가 자신의 학습에 관여하는 '모든 사고와 행동'이라 정의하였는데, 이런 과정에서 학습전략은 학습자로 하여금 새로운 정보를 효과적이고 효율적으로 습득, 파지하고 적용할 수 있도록 하는 일종의 도구다. 이런 학습전략은 기초적인 시연전략, 복잡한 시연전략, 기초적인 정교화 전략, 복잡한 정교화 전략, 기초적인 조직화 전략, 복잡한 조직화 전략, 이해 모니터링 전략, 정의적, 동기적 전략 등 여덟 가지로 유목화되었다.

Dansereau 등(1978)은 학습전략을 목표정보에 직접적인 영향을 미치는 주 전략과, 학습자의 인지기능수준을 향상시키며 정보처리에 간접적인 영향을 미치는 보조전략으로 구분하여 설명하였다. 주 전략은 정보의 습득과 저장에 직접 관여하는 전략으로 이해전략과 파지전략이 있고, 저장된 정보의 회상과 이용에 관여하는 전략으로는 회상전략과 사용전략이 있다. 보조전략에는 세 범주, 즉 목표계획과 설계전략, 주의집중전략(학습분위기 조성과 유지), 자기점검과 진단전략 등이 있다.

Mackeachie 등(1986)은 학습전략을 인지적 학습전략, 메타지적 학습전략, 자원관리전략이라는 세 가지 범주로 대별하였는데 이상에서 제시한 여러 학습전략의 유형을 개괄적으로 포함한다고 볼 수 있다. 인지적 학습전략에는 시연전략, 정교화 전략, 조직화전략 등이 있고, 메타인지 학습전략에는 계획전략, 점검전략 등이 있으며, 자기자원관리전략은 시간관리, 공부환경 관리, 노력관리 및 타인의 조력 추구 등으로 구성되어 있다.

2. 메타인지

1) 메타인지

(1) 메타인지 개념 관련 논의

여러 학습전략들은 학습을 촉진한다. 그러나 종종 학습자들은 학습과정에서 전략을 사용하지 않는다. Garner(1990)는 학습자들이 전략을 사용하는 데 실패하는 다섯 가지 이유에 대해 논의하면서 그중 첫 번째 이유로 인지적 모니터링(cognitive monitoring)의 부족을 들고 있다. 인지적 모니터링은 메타인지의 중요 기능 중 하나다(Efklides, 2006). 이러한 점에서 다양한 학습전략 중 메타인지 학습전략은 그 중요성이 강조되고 있다.

메타인지(metacognition)는 학습 자료에 대한 적응적 이해과정에서 중요한 역할을 담당하는 인지변인이며, 자기조절학습(self-regulated learning) 활동의 중요한 인지적 기반이다(신종호, 최효식, 2007). Fernandez-Duque 등(2000)에 따르면, 메타인지는 매우 광범위한 개념으로, 인지활동에 대한 지식(knowledge)과 규제(regulation)를 포함하는 개념이다. 메타인지적 지식에는 자신의 인지적 능력에 관한 지식("나는 기억력이 나빠."), 인지적 전략에 관한 지식("전화번호를 외우려면 반복해서 말하면 돼."), 과제에 관한 지식("범주화된 항목들은 기억해 내기가 더 쉽지.") 등이 있다(Flavell, 1979). 메타인지적 규제는 인지를 조정하는 과정을 의미하는데, 인지적 모니터링과 인지적

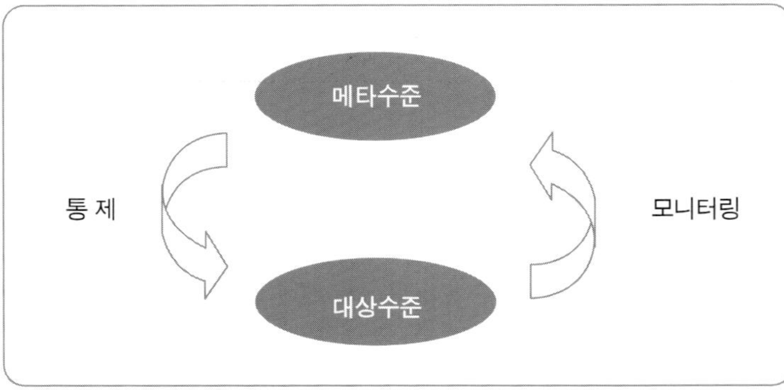

[그림 1] 메타인지에 대한 관점(Fernandez-Duque et al., 2000)

통제로 다시 구분된다. [그림 1]에서 메타수준은 모니터링 과정에 따라 대상수준에 대한 정보를 얻게 되며, 메타수준은 다시 대상수준을 통제함으로써 대상수준에서 행동이 시작되고 끝내도록 만든다. 메타인지적 모니터링은 아래에서 위로의 과정으로, 오류를 발견하는 것, 기억 회상의 출처에 대한 모니터링 등이 해당한다. 메타인지적 통제는 위에서 아래로의 과정으로, 인지적 불일치를 해결하는 것, 오류를 교정하는 것, 억제 통제, 계획하기, 인지적 자원의 할당 등이 해당한다(Fernandez-Duque et al., 2000).

이처럼 많은 연구자들이 메타인지를 설명할 때 '메타인지적 지식'과 '메타인지적 경험 혹은 기능'으로 구분하고 있으며, 메타인지를 인지과정에 대한 반성적 의식으로 이해하고 있다(윤미영, 1996). 메타인지란 학습을 하는 과정에서 스스로 무엇을 얼마나 알고 있는지 인식함으로써 자신의 수행을 계획, 점검, 평가하는 것을 의미한다(Jacobs & Paris, 1987). 메타인지 능력의 상대적 결함은 학교학습에 어려움을 초래할 가능성이 있으며, 또한 인지발달에도 부정적인 영향을 미칠 수 있다(신종호, 최효식, 2007). 따라서 메타인지 능력이 활발히 발달하는 시기부터 개인의 메타인지 능력에 대해 체계적인 관심을 기울일 필요가 있다.

한편, 메타인지 관련 연구는 서로 다른 두 경로를 통해 연구되어 왔다. Fernandez-Duque 등(2000)에 따르면, 메타인지는 집행기능(executive function)과 매우 관련이 깊다. 집행기능은 정보처리과정에 대한 모니터링과 통제를 포함한다. 이처럼 두 개념이 매우 유사함에도 메타인지에 대한 연구와 집행기능에 대한 연구는 서로 다른 영역에서 수행되어 왔다. 메타인지에 관련한 연구는 주로 메타인지적 지식, 특히 메타기억(metamemory) 영역과 관련하여 이루어져 왔는데 이와 같은 연구들은 메타인지의 발달과 아동기 교육의 중요성에 초점이 맞추어져 있다. 이러한 이유로, 이 같은 접근은 과제 수행에서 메타인지에 관한 연구들의 이론적 근거가 되어 왔다.

한편, 집행기능에 관한 연구는 뇌상을 입은 성인 환자에 대해 관심을 가지고 있던 인지신경학적 분야에서 활발히 이루어져 왔다. 메타인지적 규제가 요구되는 과제와 중앙집행장치의 기능이 요구되는 과제를 제시하여 신경 이미지 사진을 비교한 결과, 두 과제 모두 동일하게 전두엽이 활성화된다는 결과가 보고되었으며(진화봉 외, 2003), 최근에는 이처럼 메타인지에 대해 인지신경학적 관점에서도 논의가 이루어지고 있다.

(2) 본 연구에서의 메타인지 개념

Efklides(2006)에 따르면, 메타인지는 인지에 대한 모델로서, 모니터링과 통제 기능으로 구성된 메타수준에서의 활동으로 정의된다. 즉, 메타인지는 두 가지 역할을 가지고 있는데, 첫째는 모니터링 활동을 통해 인지에 대한 표상(representation)을 형성하는 것이며, 둘째는 인지에 대한 표상을 바탕으로 하여 인지에 대한 통제를 하는 것이다. 모니터링 기능은 메타인지적 지식과 메타인지적 경험으로 구분된다. 그리고 메타인지적 기술 또는 전략의 사용은 통제 기능에 해당한다.

〈표 2〉 모니터링과 통제 기능으로 드러나는 메타인지의 여러 측면(Efklides, 2006)

모니터링		통제
메타인지적 지식	메타인지적 경험	메타인지적 기술
…에 대한 생각, 신념, 이론 자기(Self) 과업(Task) 전략(Strategies) 목표(Goals) 인지기능 (예: 기억, 주의 등) 지식의 확실성	감정 익숙함 어려움 앎에 대한 느낌 자신감 만족감 판단 학습에 대한 판단 필요한 노력에 대한 판단 필요한 시간에 대한 판단	의식적이고 계획적인 활동 및 전략 사용 노력의 분배 시간의 분배 인지과정에 대한 확인 및 조절 인지과정의 결과에 대한 평가

앞서 살펴본 것처럼, 메타인지는 다양한 범주로 정의되고 있다. 본 연구에서는 Efklides(2006)의 구분을 따라 '메타인지'라는 용어를 모니터링과 통제 기능으로 구성된 메타수준에서의 활동으로 정의하고자 한다.

(3) 메타인지와 정서

정서(emotion)와 인지는 분리된 독립적인 과정이 아닌 서로 영향을 주고받는 과정이다. Efklides(2006)에 따르면, 인지와 정서는 정보를 처리하는 과정 및 행동의 조절 과정에 공존하며, 인지과정의 결과는 학습자에게 어떤 정서(과제의 수월함 또는 어려움에 대한 느낌, 자신감 등)를 느끼게 하고, 이는 다시 통제 기능에 영향을 미친다.

Frijda(1986; Efklides, 2006에서 재인용)는 감정이란 기능에 대한 모니터링의 산물이라고 말하고 있다. 즉, 감정은 인지과정이 어떠한지에 대한 반영이라는 것이다. 예를 들어, 어떤 사람이 과제가 익숙하다고 느끼고 과제를 처리하는 과정이 매끄럽다고 느껴지면 과제 처리과정은 별다른 바뀜 없이 계속 진행된다. 반대로 과제가 어렵거나 과제의 처리과정이 원하는 대로 이루어지지 않으면 불쾌감을 느끼게 되는데, 어려운 느낌 또는 불만족스러운 느낌과 같은 부정적인 정서는 통제할 필요가 있다.

이화도(2005)는 메타인지를 개념화하는 데 메타인지적 지식과 메타인지적 규제 이외에, 정의로서의 메타인지에 대해 서술

하고 있다. 정의적 특성으로서의 메타인지는 문제해결과정에 대한 신념, 태도, 인내 등을 하위요소로 포함하고 있으며 인지적 과제를 수행하는 도중에 과제 수행과 관련되어 발생하는 모든 종류의 개인적 감정인 불안, 확신, 포기, 의문 등을 포함한다. 여러 연구들에 따르면, 학습장애아들에게 부족한 것이 메타인지적 지식이라고 강조되고 있다. 즉, 그들은 자신이 무엇을 아는지, 무엇을 모르는지에 대한 자기 자신에 관한 메타인지적 지식이 부족하다는 것이다.

그러나 여기서 간과해서는 안 될 중요한 사실은 이러한 메타인지적 지식의 부족이 자신의 능력에 관한 '자아효능감(self-efficacity)과 내적 동기(internal motivation)의 부재와 같은 동기적 측면의 영향을 받는다는 점이다. 학습에 어려움을 보이는 아동들은 자신에 대한 긍정적 자아개념이 부족하고 성공과 실패의 원인을 자신에게 두지 않고 외적인 요소에 두는 경향이 있다. 이는 결국 문제해결과정에서 스스로 유용한 전략을 찾고자 하는 시도를 막고 힘든 고비를 참아 내는 인내심에도 나쁜 영향을 준다. 결국 메타인지 능력은 자신에 대한 자신감과 자기의 능력에 대한 자아효능감을 가지게 됨으로써 스스로 동기화되고 이를 통해 효율적 방법으로 새로운 문제해결을 이루는 것임을 알 수 있다(이화도, 2005).

2) 주의과정과 메타인지

(1) 주의과정의 중요성

정보처리 관점에서 보면 주의(attention)는 유기체와 환경 간의 상호작용에서 가장 기초가 되는 과정으로서, 사고를 포함하는 모든 심리적 기능에 매우 중요한 요소다(최정원, 이영호, 2006). 주의는 감각수용기의 정보를 선택적으로 기억에 입력하는 심리적 기제이며, 기억이 일어나는 최초의 과정으로 볼 수 있다(이정모 외, 2000). 마찬가지로 학습 장면에서의 주의는 교과 내용을 처음 받아들이고 처리하는 과정으로서, 이후의 인지처리과정의 기초가 된다. 그러므로 주의 능력을 효율적으로 잘 조절할 수 있는가의 여부는 정보처리의 효율성과, 기억 및 학습 능력의 향상에 직결된 중요한 문제라고 할 수 있다(윤선아 외, 2007).

Park(1993)은 Atkinson과 Shiffrin(1968)의 기억모형에 근거한 정보처리체계와 Weinstein과 Mayer(1986)가 제시한 학습전략 간의 관계 모형을 제시하였다(김동일, 2005). 이 모형에서는 정보가 처음 감각기억으로 투입되는 과정에서 '주의집중과정'이 요구되며 정서적, 동기적 전략이 이 과정을 활성화한다고 본다. 그 다음 단계는 단기기억에서 정보를 처리하는 과정으로서, 이 과정에서는 '시연과정'이 장기기억으로의 저장을 도우며, 또한 장기기억과 단기기억 사이에서는 '인출과정'과 '약호화 과정'이 일어난다. 인지전략 중 시연전략이 이 '시연과정'

에 활용되며, 정교화 및 조직화 전략은 '인출과정'과 '약호화 과정'을 돕는다. 마지막으로 메타인지전략은 이러한 모든 과정을 조절하고 감독한다. 정보처리과정의 '주의집중과정'은 모든 정보처리과정에서의 첫 단계로 중요성을 가진다.

주의는 의식적인 노력 없이도 외부 자극에 자연스럽게 반응하는 수동적 의미로서의 주의와, 과제 수행 및 문제해결과 같은 보다 능동적인 의미로서의 집중(concentration)을 포함하는 개념이다(최정원, 이영호, 2006). 수동적 주의란 특별한 노력 없이 외부로부터의 감각 정보들이 시각, 청각, 촉각 등 여러 종류의 감각기관과 신경회로를 통해 들어와 뇌의 뇌간 및 시상을 거쳐 의식 활동의 중추인 대뇌피질에 전달되는 과정을 말한다. 이것은 지각(perception)과 유사한 개념으로서 전체적인 주의과정의 첫 단계로 기능한다. 능동적 주의는 의식적인 노력하에 외부로부터의 감각 정보들이 선택되고 적극적으로 처리되는 과정을 말하는데, 능동적 주의 활동이 이루어질 때 우리의 뇌는 외부 감각의 피상적인 특성을 넘어서 그 외부 자극이 담고 있는 의미와 유기체와의 상호작용에 영향을 받으면서 정보처리를 진행해 나간다. 감각기관을 통해 투입된 자극은 능동적인 주의집중이 없으면 곧 유실된다. 따라서 학습이 일어나기 위해서는 능동적인 주의집중이 요구되며, 이러한 주의집중과정은 훈련될 필요가 있다.

주의집중의 개념은 다양한 학문 영역에서 오랜 시간에 걸쳐 연구되어 왔다. 주의집중과 관련하여 주의력, 집중력, 주의집중능력 등 다양한 용어들이 유사한 의미로 사용되고 있다. 주의집중은 집중성, 지속성, 선택성, 통제성 등 네 가지 측면이 결합되어 작용하는 정보처리과정이며(윤선아, 김현택, 최준식, 2007; Parasuraman, 1984), 주의집중의 본질은 주어진 시간에 유기체가 자신에게 중요한 정보를 얻기 위해 불필요한 일련의 다른 정보를 제거시키는 것으로서, 다른 불필요한 자극을 제외한 어느 특정 자극의 인식이나 각성에 초점을 두는 것이다(Dember & Warm, 1979; Egeth & Bevan, 1973). 주의집중력은 훈련과 연습을 통해 향상될 수 있는 능력이라고 인식되고 있기 때문에 주의집중력 향상을 위한 교육적 개입의 필요성이 대두된다.

(2) 주의과정에 대한 교육적 개입 관련 연구

주의집중에 결함을 야기하는 원인과 주의집중 능력에 영향을 미친다고 여겨지는 변인들을 기초로 하여 다양한 전략들이 개발되고 연구되어 왔다. 과제에 대한 주의집중을 증가시키기 위한 초기의 중재는 학습환경의 수정이었다. 이러한 전략의 대표적인 예로 구조화된 학교 프로그램을 들 수 있는데 이는 환경자극과 공간을 감소시키는 데 주안점을 두고 있다(Cruickshank, 1961). 이러한 전략은 Hagen과 Kail(1975) 그리고 Lubker(1969) 등이 주장한 대로 학습이 비관련 차원을 감소시킴으로써 촉진된다는 가정을 이론적 근거로 하고 있다. 그러나 이러한 중재는 다른 학습환경으로의 일반화가 의문시되며 프로그램의 개발, 적용에도 한계가 있다.

이후 아동으로 하여금 자신들이 보고 들은 것을 소리 내거나 마음속으로 반복하도록 촉진하는 구두시연전략이 주의집중을 개선하는 효과적인 전략으로 인식되어 왔다(Dawson et al., 1980; Tarver et al., 1977). Dawson 등(1980)은 학습장애아를 대상으로 시연과 강화가 복합된 조건과 시연 혹은 강화만을 적용한 연구를 수행하였다. 연구자들은 시연-강화 조건하의 중심적 회상이 세 가지 다른 조건 중에서 가장 많이 나타났다고 보고하였다. 따라서 구두시연전략은 주의집중에 강력하고 효과적으로 영향을 미치며, 강화의 사용은 더 많은 것을 학습시키는 효과를 낳는다고 결론지었다. 그러나 Copeland와 Wisniewski (1981)에 따르면, 구두시연은 성공적인 단기기억을 위한 중요한 전략이 된다고 한다. 그러므로 향상된 과제 수행이 개선된 주의집중에 따른 것인지, 단기기억 향상에 따른 것인지, 혹은 둘 다의 영향인지는 분명하지 않다고 볼 수 있다.

조작적 조건화 방법 역시 주의집중 행동을 증가시키기 위해 널리 활용되는 전략이다. Patterson(1982)은 주의가 산만한 아동의 주의집중 시간을 늘리기 위한 강화제로서, 사탕과 시각적 단서를 사용한 조작적 전략을 통해 성공적인 연구를 수행하였다. 그리고 다른 연구들에서도 여러 형태의 주의집중 행동을 증가시키기 위해 조작적 조건화 패러다임을 다양하게 사용해 왔다(Coleman, 1970; Glynn et al., 1973).

Hallahan 등(1978)은 학습장애아의 선택적 주의집중을 수정하기 위한 강화제로서, 화폐를 사용하여 성공적인 연구를 수행하였다. 이들은 강화제가 선택적 주의집중과 자발적 구두시연을 증가시켰다고 설명하였다. 강화조건하의 증가된 성취는 학습장애아의 수동성을 나타내는 것이다. 학습장애아들은 스스로 자신들의 적절한 전략을 가질 수는 있겠지만 동기를 불러일으키지 않으면 그것을 적극적으로 사용하지 못하거나 어려움을 겪을 것이다. 그러나 Dawson 등(1980)에 따르면, 정적 강화는 아동의 주의집중을 개선시키지 못하며 오히려 아동으로 하여금 과제와 관련이 없는 정보를 선택하도록 한다고 주장한다. Kausler, Laughlin 그리고 Trapp(1963) 등도 이와 유사한 결과를 보고하였다. 무엇보다 조작적 조건화 기법은 주의집중을 개선하기 위해서 많은 시간이 요구되는 기법이다(Argulcwicz, 1982). 또한 Skinner(1968)에 따르면, 보고 듣는 것과 같은 정교한 기능은 단순히 아동을 강화하는 것만으로는 가르칠 수 없다고 하였다. 따라서 주의집중 개선을 위해서 조작적 조건화 전략은 충분하지 못하다고 하겠다.

(3) 주의과정에 대한 메타인지적 모니터링 및 규제

자기모니터링은 자신의 인지에 대해 자각할 수 있는 능력을 말한다. 이러한 자각을 통해 행동의 변화가 가능하다는 것이 메타인지 관련 이론가들의 주장이다. 주의과정에서도 마찬가지로, 주의가 산만해지고 있다는 것을 알아차림으로써 다시 주의를 집중할 수 있도록 해 준다.

Meichenbaum(1977)은 성인이 자신의 주의과정에 대해 모니터링을 수행하면서 주의가 흩어졌을 때 다시 주의를 교정한다는 사실을 관찰하였다. 그러나 충동적인 아동의 경우 자신의 인지활동을 제대로 분석하고 있지 못함을 확인하였다. 이에 Meichenbaum은 과제를 수행하면서 자신에게 소리 내어 말하는 성인의 자기 교수 과정을 모델로 보여 주고, 그 후 아동에게 같은 과제를 성인의 지도하에서 수행해 보도록 하였다. 그 다음 아동이 스스로에게 자기 교수를 하면서 과제를 수행하도록 하였다. 그 결과 아동은 독립적으로 내적 언어를 통해 자신의 수행을 점검하며 과제를 수행한다는 사실을 관찰하였다. Meichenbaum의 연구와 맥락을 같이하면서, Hallahan 역시 주의과정에 대한 또 다른 감시 훈련을 실시하였다. Hallahan 등(1979)은 주의집중에 문제가 있는 학습장애아동을 대상으로 주의과정에 대한 자기감시 훈련을 실시하였다. 그 결과 학생의 과제 주의집중 행동의 증가뿐 아니라, 학업수행에서도 긍정적인 변화를 확인하였다. 이 연구에서 활용된 주의과정에 대한 자기감시 훈련은 학생이 과제를 하는 중 자기관찰(self-recording)을 하도록 오디오테이프를 이용하여 신호를 주는 것이었으며, 오디오테이프를 사용하지 않고 스스로 모니터링을 할 수 있도록 훈련을 한 후에도 증가된 수준 및 학업수행은 변함없이 유지되었다.

Miller와 Bigi(1979)의 연구에서는 메타주의(meta-attention), 즉 주의과정에 대한 자각(awareness)이 연령이 증가함에 따라

보상이나 주의를 분산시키는 외부의 요소 등 외적인 변인보다 흥미나 집중력과 같은 내적인 변인에 더 깊이 관련되는 것을 확인하였다. 이는 Loper와 Hallahan의 연구(1982)와도 일치하는 결과다. 이는 곧 초등학교 저학년에서 고학년으로 시기가 옮겨 가면서 학생들의 자기의 주의과정에 대한 인식이 수동적인 것에서 보다 능동적이며 자기주도적인 시각으로 옮겨 감을 의미한다. Loper와 Hallahan의 연구(1982)에서도 메타주의, 즉 주의과정에 대한 자각과 학업성취 간에 강하지 않지만 유의미한 관계가 확인되었다.

이에 본 연구에서는 인지적 정보처리과정의 첫 단계이면서, 학습이 일어나기 위한 필수조건인 능동적인 주의집중과정에 초점을 두고, 이 과정을 향상시키기 위한 메타인지 학습전략 회기를 구성하고 그 효과를 검증해 보고자 한다.

3. 기존 학습전략 프로그램 검토

다음은 국내의 학습전략 프로그램의 현황이다. 〈표 3〉에 제시된 학습전략 프로그램들은 국회 전자도서관과 한국교육 학술정보원 학술연구 정보 서비스 등에서 제공되는 1990년부터 2004년까지의 논문 중 가장 많이 인용되는 대표적인 학습전략 프로그램들이다(김향숙, 2005).

〈표 3〉 국내 학습전략 프로그램

프로그램	개발자	대상	내 용
학습전략 개발 프로그램	김영채 (1992)	고등 학생	1. 학습태도의 개발: 시간관리전략, 정신집중전략 2. 단편적인 사실 기억: 페그워드법, 장소법, 의미화기법, 매개법, 연쇄화기법 3. 주제문의 이해: 시각적 심상전략, 의역전략, 질문생성전략, 추론전략, 핵심아이디어의 발견전략 4. 장과 단행본의 이해: 그래픽 자료의 활용전략, 독서전략 5. 요점과 노트정리 전략 6. 시험전략 7. 논리적 사고-합리적 사고능력의 개발전략 8. 창의적 사고-적극적인 문제해결능력 계발
효율적인 학습 상담법	김영진 (1998)	학습 부진 청소년, 교사, 학부모	1. 학습동기 강화 2. 시간관리능력 향상 3. 집중력 향상 4. 효율적인 독서지도 5. 기억력 증진 6. 노트작성 7. 시험관리능력 향상
초등학교 학습 부진아용 교수-학습 자료개발, 학습동기/전략 프로그램	한국 교육 과정 평가원 연구 보고 CRC 99-2	초등 학교 4, 5, 6 학년 학습 부진아	1. 학습동기 강화방안 -자아존중감 기르기 -귀인방향 바꾸기 -자기조절 학습능력 기르기 2. 학습관리전략 -학습시간 관리 및 습관 개선전략 -학습환경 관리전략 3. 일반 학습수행전략 -주의집중전략 -기억전략 -정교화전략 -시험치기전략 4. 과제특수 학습전략 -효과적인 독서전략 -수학 문제해결전략

자기조절 학습상담 훈련 프로그램	윤영화 (2002)	중·고등 학생	1. 신뢰감 형성 및 자기평가 2. 목표설정 계획: 시간관리, 일과표 작성, 학습계획 수립 3. 환경구조화: 자기진단, 학습집중력 향상요인, 방해요인 찾기 4. 시연 및 기억, 복습하기: 기억법, 정교화 및 조직화, 낭송하기 5. 조직화와 변형: 자기독서방법 점검, 시간전환, 질문, 암송, 복습 6. 기록유지와 점검: 자기경청, 노트 작성 7. 정보찾기: 시험 전 준비, 시험 보는 방법, 시험결과 귀인분석 8. 자기결론화 및 프로그램 평가: 자기격려, 자성예언
어휘학습 전략 프로그램	박연정 (2004)	고등 학생	1. 기억전략 - 합성화 전략, 의미지도 그리기, 모둠 및 분류화, 연상전략, 심상전략, 신체반응과 감각 사용하기 2. 인지전략 - 반복하기, 노트하기, 자료활용전략 3. 보상전략 - 추측하기, 몸짓 사용전략, 신조어 사용전략, 동의어 사용전략, 도움 청하기 4. 메타인지전략 - 주의집중전략, 목표수립전략, 학습평가 5. 정의적 전략 - 불안감 낮추기, 자기칭찬전략 6. 사회적 전략 - 질문전략, 타인과 협동하기
학습부진아 집단상담	허남진	학습부진 청소년	1회기 - 자기소개 2회기 - 나의 장래희망은? 3회기 - 나의 공부를 방해하는 것은? 4회기 - 효과적인 학습방법(1) 5회기 - 효과적인 학습방법(2) 6회기 - 시간관리(1) 7회기 - 시간관리(2) 8회기 - 고마우신 선생님 9회기 - 사랑의 선물 10회기 - 정리 및 자기결심

자기주도적 학습전략 훈련	김정신 (2003)	초등 학생	1. 기억전략 - 연관 지어 모둠 짓기, 문맥에서 어휘 익히기, 영상, 소리 이용하기, 행동화하기, 복습하기 2. 인지전략 - 반복연습하기, 생활에서 연습하기, 규칙 인식하기, 연역적 사고하기, 어휘 분석하기, 요약, 노트하기 3. 보상전략 - 추측하기, 모국어나 몸짓 이용하기, 동의어, 신조어 만들기, 회피 및 대략추측으로 대화유지하기 4. 메타인지전략 - 배경지식 이용하기, 선별적 주의집중하기, 목표설정, 계획세우기, 자기감시, 평가하기 5. 정의적 전략 - 긴장완화하기, 자기격려하기, 감정점검하기 6. 사회적 전략 - 질문, 요청하기, 협동하기, 타인과 감정이입
자기조절 학습전략 훈련	오원석 (2004)	초등 학교 고학년	1. 자기평가 2. 조직과 변환 3. 목표와 계획 설정 4. 정보탐색 5. 기록 유지 및 검토 6. 환경조직 7. 자기강화 및 처벌 8. 시연 및 기억 9~11. 사회적 도움 구하기(동료, 교사, 성인) 12~14. 기록물 복습(시험지, 노트 등)
자기조절 학습전략 훈련 프로그램	이춘자 (2003)	중·고등 학생	1. 학습환경 만들기 2. 학습목표 세우기 3. 학습계획 세우기 4. 학습정보 구하기 5. 학습내용 조직하기 6. 외우기와 기억하기 7. 도움받기 8. 복습하기 9. 평가하기 10. 칭찬하기 11. 처벌하기

국내의 다양한 학습전략 프로그램에서 주의과정에 관한 훈련이 어떻게 이루어지고 있는지를 살펴보았다. 우선, 변영계와 박한숙이 개발한 『학습기술 훈련 프로그램』(2004)에서는 '주의집중'이 '정보처리기술'에 묶여 다뤄지고 있으며, 집중력을 기르는 방법으로는 환경의 조성, 신체적 조건의 고려, 과제 관련 계획 등이 제시되어 있다. 그리고 나머지 '정보처리기술' 영역의 주요 내용은 낭송하기, 반복하여 쓰기, 자주 여러 번 보기, 특징 찾아 분류하기, 시각화하기, 구체적으로 학습하기, 핵심어로 기억하기, 첫 글자로 기억하기, 도표로 기억하기 등 주의집중과정 이후에 활용되는 다양한 인지전략으로 구성되어 있다. 김영진(1998)은 집중력 향상을 위한 프로그램으로서, 집중력을 향상 또는 방해하는 요인을 내적인 요인과 환경적 요인으로 구분하여 확인하고, 그것에 관하여 토의하는 활동을 구성하고 있다. 이처럼 주의과정과 관련한 학습전략 훈련은 학습동기 또는 자원관리 측면의 접근이 주를 이루고 있었다. 학습동기와 환경 및 자원관리가 주의과정에 영향을 미치는 중요한 요인임은 분명하지만, 학습자 주도적인 메타인지적 모니터링 및 규제에 대한 강조가 아쉽다.

앞서 메타인지와 관련한 이론적 배경에서 살펴본 것과 같이, 자기모니터링은 자신의 인지에 대해 자각할 수 있는 능력을 말한다. 메타인지 관련 이론가들의 주장에 따르면, 행동의 변화는 이러한 자각을 통해 가능하며 주의과정에서도 마찬가지로 주의가 흩어지고 있다는 것을 인지하는 것이 다시 주의를 되찾을 수 있도록 해 준다. 또한 주의과정에 대한 메타인지적 모니터링 및 규제는 이후 여러 전략의 활용을 가능하게 한다는 점에서 중요하다.

최근에 개발된 학습전략 프로그램으로 최정원과 이영호(2006)의 '학습치료 프로그램 시리즈'가 있다. 이 중 주의집중력 향상 전략의 내용은 크게 시각적 주의집중 향상과 청각적 주의집중 향상의 두 부분으로 구성되어 있다. 하지만 저자가 상기 책의 한계점으로 언급하고 있듯이, 프로그램의 구성 내용이 경험적으로 연구된 적이 없다는 한계를 갖는다.

김동일(2005)은 학습전략 프로그램이 새롭게 정립되고 활용되려면 적용가능성(acceptability)뿐만 아니라 개입의 성실성(혹은 충실성, integrity)이 같이 논의되어야 한다고 하였다. 수용가능성은 프로그램이 학생과 교사가 이해할 수 있는 용어로 구체화되었는지와, 비용, 시간적인 제약, 인적 자질, 물적 지원에 대해 고려하였는지에 대한 확인이다. 성실성 혹은 충실성은 프로그램이 의도한 대로 성실하게 구현되었는지를 점검해 보는 것을 의미한다. 이와 같은 필요에 따라 프로그램 개발과 함께 프로그램의 효과 보고가 동시에 이루어져야 한다.

4. 프로그램 구성의 이론적 근거

주의과정에 대한 메타인지적 모니터링은 학습자가 자신의 주의과정에 대해 자각하는 것을 말한다. 이러한 자각을 바탕으로 주의과정에 대한 규제가 가능하게 된다. 주의를 되찾는 것은 주의가 산만해지고 있다는 사실을 인지한 후 가능하다. 이와 같은 필요에 따라 주의과정을 중심으로 한 '초등학생을 위한 메타인지 학습전략'의 첫 번째 회기는 주의과정에 대한 모니터링을 통한 자기암시 방법 및 자기평가 방법이 주요 내용으로 구성되었다. 자기암시는 짧은 동화를 읽는 동안 책의 내용과 상관이 없는 다른 생각이 떠오르거나 의자에 앉아 있고 싶지 않을 때마다 스스로에게 "안 돼!"라고 말하는 활동으로 구성되어 있다. 그리고 이렇게 "안 돼!"라고 말할 때마다 자기평가지에 스티커를 하나씩 붙여 나간다. 이 활동은 학생들에 대한 평가나 보상과 전혀 관계가 없음을 활동 시작 전 학생들에게 공지한다. 그럼으로써 학생들이 솔직하게 활동에 임할 수 있도록 분위기를 조성한다. 이 활동을 통해 자신의 주의상태에 대해 메타인지적으로 모니터링을 하면서, 자신의 상태를 인식할 수 있도록 하였다. 또한 자신의 주의과정에 대한 모니터링을 시각적으로 확인할 수 있도록 함으로써, 모니터링의 효과를 더욱 높이고자 하였다. 자기평가 활동은 자기평가지를 보고 자신의 주의상태에 대한 모니터링의 결과를 확인함으로써 이루어진다. 이를 통해 학생들은 새로운 목표를 설정하고, 더 나은 수행을 위해 더 많은 노력을 기울일 수 있게 된다.

주의집중을 정보처리적 관점에서 보다 세분화하면, 학습자극에 주의를 기울이는 과정이 감각기관의 작동과 병행하게 된다. Atkinson과 Shiffrin(1968)이 제시한 정보처리모델에서와 같이 감각기억은 정보처리를 위한 중요한 시작점이 되며, 특히 주의집중의 관점에서 볼 때, 주된 학습감각기관은 시각과 청각이 된다고 할 수 있다. 이에 본 연구에서는 두 번째 회기와 세 번째 회기를 각각 시각적 주의집중, 청각적 주의집중으로 구성하였다. 시각적 주의집중이라 명명한 두 번째 회기는 시각적으로 제공되는 자극 중, 자신에게 필요한 자극에 주의를 기울이고 기억함으로써, 그것을 활용하여 게임을 하는 활동으로 구성되어 있다. 세 번째 회기는 청각적으로 제공되는 자극과 관계가 있다. 학생들은 교사가 들려주는 이야기의 뒷 내용을 상상하면서 이야기를 듣도록 지도한다. 이야기는 결말이 지어지지 않은 채 끝이 나고, 학생들은 뒷이야기를 상상하면서 활동지에 자신이 만든 결말을 써 보는 시간을 갖는다. 시각적 자극에 대한 주의활동 회기나 청각적 자극에 대한 주의활동 회기에서는 모두 자신의 주의상태에 대한 메타인지적인 모니터링과 규제가 핵심 활동으로 강조된다.

3 프로그램 구성과 내용

1. 프로그램 구성

주의과정을 중심으로 한 '메타인지 학습전략'은 총 3회기, 각 회기별 40분씩으로 구성되었으며, 주의과정에 대한 모니터링 및 규제를 주요 내용으로 한다. 각 회기의 세부 내용은 다음과 같다.

<table>
<tr><td>회기</td><td>1</td><td>회기명</td><td>주의집중 촉진</td><td>대상</td><td>초등학교 고학년</td></tr>
<tr><td>목표</td><td colspan="5">• 사전검사(ALSA)를 통해 참가자들의 인지·메타인지 전략 사용 기초선 수준을 확인한다.
• 자신의 주의과정을 관찰하고, 자기암시를 통해 주의집중 시간을 지속할 수 있다.
• 자기평가를 통해 스스로 피드백을 주고 개선할 수 있다.</td></tr>
<tr><td>주요 내용</td><td colspan="5">① 도입-도입음악으로 주의집중 유발
② 사전검사 실시
③ 자기암시 방법
④ 자기평가 방법
⑤ 정리 및 마무리</td></tr>
<tr><td>준비 사항</td><td colspan="5">동요음악, 사전검사지, 자기평가지, 스티커</td></tr>
<tr><td>활동 내용</td><td colspan="5">1. 들어가기 [3분]
-노래를 부르며 율동을 한다.
-주위 환경을 안정시키고 주의집중을 가져올 수 있다.
2. 몸 풀기 [2분]
-프로그램 목적 소개 및 주의집중에 대한 동기 확인
3. 활동 [30분]
1) 사전검사 [10분]
2) 자기암시 방법 배우기 [15분]
-외적 자기지도를 통해 느슨해지는 주의집중력을 수정하게 한다.
-스티커와 자기평가지를 이용해서 자기평가 단계를 위한 시각적 요인을 작성하게 한다.
3) 자기평가 방법 [5분]
-자기평가지에 나타난 자신의 행동을 이해하고 분석할 수 있다.
-자기평가지 결과를 보고 다음 번 수행에 대해 목표를 세우게 한다.
4. 정리 및 마무리 [5분]
-오늘 한 활동을 정리하고 다음 수업내용을 예고하며 마무리한다.</td></tr>
</table>

<table>
<tr><td>회기</td><td>2</td><td>회기명</td><td>시각적 주의집중</td><td>대상</td><td>초등학교 고학년</td></tr>
<tr><td>목표</td><td colspan="5">시각적으로 제시된 내용에 집중하고, 기억하는 연습을 유도한다.</td></tr>
<tr><td>주요 내용</td><td colspan="5">① 도입-동시 감상
② 시각적 주의집중 활동지 풀기
③ 치킨차차차 게임
④ 시각적 주의집중: 교과 내용과의 접목
⑤ 정리 및 마무리 시간</td></tr>
<tr><td>준비 사항</td><td colspan="5">필기도구, 활동지, 여러 가지 이미지, 색지, 자석, 말(모둠 수만큼)</td></tr>
<tr><td>활동 내용</td><td colspan="5">1. 들어가기 [3분]
-신현득 시인의 '할아버지 옛 친구-잊혀진 것 찾기'를 들으면서 수업 분위기를 조성한다.
2. 몸 풀기 [5분]
-시를 들으면서 들었던 느낌 나누기 및 지난 회기 내용 복습
3. 활동 [30분]
1) 시각적 주의집중 활동지 풀기 [5분]
-화면에 자극이 제시되었다 사라진다. 주어졌던 자극을 활용하여 답할 수 있는 문제들로 구성된 활동지 풀기
2) 치킨차차차 게임 [15분]
-그림이 그려진 카드들을 원형으로 배열한다. 원형으로 배열한 카드와 동일한 그림이 그려진 카드들을 원 안에 뒤집어 놓는다. 자신의 차례가 올 때마다 자기 말의 바로 앞에 있는 그림이 원 안의 카드 중 어디에 있는지 맞춰야 전진할 수 있다.
-이 게임을 이긴 친구에게 게임을 잘할 수 있는 방법을 들어 본다.
3) 시각적 주의집중: 교과 내용과 접목 [10분]
-교사가 제시하는 문장에 주의집중하여 문장의 중요 단어를 재인하고, 내용을 이해하여 검증문장의 옳고 그름을 판단할 수 있다.
4. 정리 및 마무리 [2분]
-각자 수업 소감에 대해 이야기하기</td></tr>
</table>

<table>
<tr><th>회기</th><td>3</td><th>회기명</th><td>청각적 주의집중</td><th>대상</th><td>초등학교 고학년</td></tr>
<tr><th>목표</th><td colspan="5">• 뒷 내용을 상상하며 선생님이 들려주는 이야기에 집중할 수 있다.
• 이야기의 뒷 내용을 상상하며 이야기를 꾸밀 수 있다.
• 선생님의 말씀에 주의집중하여 그것을 잘 이해하고 기억해 낼 수 있다.</td></tr>
<tr><th>주요 내용</th><td colspan="5">① 도입–집중 박수
② 몸 풀기 게임–책 뺏어 읽기
③ 이야기 듣기–구연동화를 통해 주의집중을 유발
⑤ 이야기 꾸미기 및 발표하기
⑥ 청각적 주의집중: 교과 내용과의 접목
⑦ 정리 및 마무리</td></tr>
<tr><th>준비 사항</th><td colspan="5">교과서, 구연동화 자료, 활동지, 스톱워치, 사후검사지</td></tr>
<tr><th>활동 내용</th><td colspan="5">1. 들어가기 [2분]
–집중 박수
2. 몸 풀기: 책 뺏어 읽기 [5분]
–교과서의 동화 부분을 읽다가 읽는 사람이 틀리면 다른 사람이 손을 들고 틀린 부분부터 읽어 나가도록 한다.
–주의집중을 유도하는 동시에 청각적 주의력을 유도할 수 있다.
3. 활동 [30분]
1) 이야기 듣기 [5분]
2) 이야기 꾸미기 및 발표하기 [10분]
–활동지를 나누어 주고 교사가 들려준 이야기의 뒷 내용을 상상해 쓸 수 있도록 한다.
–자신이 상상한 이야기를 발표하도록 하고 서로 칭찬박수를 쳐 준다.
3) 청각적 주의집중 [5분]
–교사가 들려주는 문장에 주의집중하여 문장의 중요 단어를 재인하고, 내용을 이해하여 검증문장의 옳고 그름을 판단할 수 있다.
4) 사후검사: ALSA [10분]
4. 정리 및 마무리 [3분]</td></tr>
</table>

2. 프로그램 내용

1회기	주의집중 촉진	집중할 수 있어요!

[활동목표]

- 사전검사를 통해 참가자들의 학습전략 사용 기초선 수준을 확인한다.
- 자신의 주의과정을 관찰하고, 자기암시를 통해 주의집중 시간을 지속할 수 있다.
- 자기평가를 통해 스스로 피드백을 주고 개선할 수 있다.

1. 들어가기 3분

- 준비물: 도입음악 '곰 세 마리' 혹은 경쾌한 노래
- 음악과 율동을 통해 주의집중 효과를 경험한다.

☺ 안녕하세요? 오늘 날씨가 아주/매우 좋죠? 노래 하나 부르고 수업하면 아주/매우 좋을 것 같아요.

☺ '곰 세 마리' 노래 다들 알죠? 우리 '곰 세 마리' 한 번 불러 볼까요?

♬ 곰 세 마리가 한집에 있어
아빠곰, 엄마곰, 아기곰 ♪
♬ 아빠곰은 뚱뚱해
엄마곰은 날씬해

아기곰은 너무 귀여워 ♪

♬ 으쓱으쓱 잘한다. ♪

☺ 이번에는 조용하게 속삭이면서 불러 보도록 해요-점점 작게-

• 처음 한 번은 보통 크기로 부르고, 다음 한 번은 속삭이듯 부른다.

2. 몸 풀기 2분

☺ (속삭이면서) 우와~조용하다~그렇죠? 선생님은 여러분들이 얼마나 수업시간에 조용히 집중을 잘하는지도 보고, 또 어떻게 하면 집중을 더 잘해서 공부도 더 잘할 수 있게 되는지를 가르쳐 주기 위해 왔어요. 여러분들은 공부할 때 집중을 잘하는 편인가요? 수업시간에 집중을 더 잘할 수 있으면 좋겠죠? 선생님 이름은 ○○○예요. 만나서 반가워요.

3. 활 동 30분

1) 사전검사 10분

(1) 활동목적

• 참가자들의 학습전략 사용 기초선 수준을 확인한다.
• 진전도 평가를 위한 사전검사 자료를 획득한다.
• 검사를 통한 참가자들의 자기이해를 촉진한다.

(2) 준비물

청소년 학습전략 검사(ALSA), 필기도구

(3) 지시사항

☺ 그럼 지금부터 선생님이 설문지를 나누어 줄게요. 우리 친구들 그 종이 받으면, 글을 잘 읽고 질문에 대답해 주세요. 시험도 아니고 정답이 있는 검사는 아니지만 꼼꼼히 대답해 주세요~.

(4) 지도요령

- 청소년 학습전략 검사의 실시와 활용은 〈부록 1〉을 참고한다.
- 질문지 작성이 끝난 후 마크가 표시되었는지를 확인하고 모두 회수한다.
- 검사를 실시하는 데 참가자들이 불편함을 느낀다고 판단될 경우, 별칭을 적어 검사지를 제출하도록 하는 간단한 방식을 선택할 수 있다.
- 검사에 대한 안내는 언어와 함께 간단한 예시 화면을 보여 줌으로써 정확한 검사 수행을 촉진할 수 있다.

2) 자기암시 방법 배우기 15분

(1) 활동목적

- 언어로 자신의 상태를 표현할 수 있도록 함과 동시에 행동을 조절할 수 있게 한다.

• 수업 중에 흐트러질 수 있는 주의집중을 자기평가지를 통해 다잡는다.
• 선생님은 동화책을 읽음으로써 아이들에게 수업환경을 조성해 준다.

(2) 준비물

자기평가지, 스티커, 선생님이 읽을 동화책

(3) 지시사항

☺ 선생님이 지금부터 아주 짧은 동화를 읽어 줄 거예요. 그런데 그 전에 선생님이 한 가지 우리 친구들에게 가르쳐 줄 것이 있어요. 이제부터 선생님이 동화를 읽어 줄 때, 동화 내용과는 상관이 없는 다른 생각이 떠오르거나 의자에서 앉아 있고 싶지 않을 때마다 스스로에게 '안 돼!'라고 말하는 거예요. 알았죠? 그럼 한 번 선생님 따라서 말해 볼까요? "안 돼!"

☺ 선생님이 이 종이랑 스티커를 나눠 줄게요. 여기에다가는 우리 친구들이 '안 돼!'라고 말할 때마다 스티커를 한 장씩 붙여 주세요. 알았죠? 이 활동은 여러분에 대한 평가나, 여러분에게 줄 선물과는 전혀 관계가 없어요. 그러니까 우리 한 번 솔직하게 해 보는 거예요. 그럼 이야기 시작할게요.^^

(4) 지도요령

• 적절한 수행을 보이는 참가자를 공개적으로 칭찬하여 강화한다.

〈활동지 1〉 자기평가지

자 기 평 가 지

___학년 ___반 번호 ____이름: __________

"안 돼!"라고 말하면서 스티커를 붙여 주세요.
스티커의 개수는 점점 줄여 나가야겠지요.

___요일 ___교시										
___요일 ___교시										
___요일 ___교시										
___요일 ___교시										
___요일 ___교시										
___요일 ___교시										
___요일 ___교시										
___요일 ___교시										
___요일 ___교시										
___요일 ___교시										
___요일 ___교시										

• 이를 통해 바람직한 수행의 모델을 간접적으로 제시할 수 있다.

3) 자기평가 방법 5분

(1) 활동목적

• 자기평가지를 보고 자신의 행동을 분석하고 이해할 수 있게 한다.
• 다음 번 수업에 대한 다짐을 하게 한다.

(2) 준비물

앞서 사용한 자기평가지

(3) 지시사항

☺ 우리 친구들 스티커 잘 붙였어요? 우와~우리 친구들 스티커 너무 예쁘게 잘 붙였다. 우리 한 번 각자 몇 개나 붙였나 세어 볼까요?

• 각자 스티커를 세어 보도록 잠시 시간을 준다.

☺ 어때요? 스티커 개수가 무엇을 말해 주고 있어요? 우리가 10분 동안에 자꾸만 다른 생각이 들고 의자에서 일어나고 싶었던 횟수죠? 우리 친구들 수업시간에 다른 생각하고 교실을 돌아다녀도 되나요?

☻ 아니요~.

☺ 그죠? 그럼 스티커가 적을수록 좋은 거겠다. 그죠? 앞으로 수업시간에는 '안 돼~'라는 생각이 들 때마다 노트 한 귀퉁이에 막대 표시를 하나씩 해 보세요. 그 표시들은 늘어나야 하는 걸까요? 점점 줄어들어야 하는 걸까요? 그럼 우리 앞으로 수업시간에 막대를 몇 개 그리게 될지 친구들에게 큰 소리로 말해 보자.

(4) **지도요령**

- 적절한 수행을 보이는 참가자를 공개적으로 칭찬하여 강화한다.
- 바람직한 수행을 보인 학생의 활동지와 내용을 다른 참가자에게 게시한다.
- 이를 통해 바람직한 수행의 모델을 간접적으로 제시할 수 있다.

4. 정리 및 마무리 5분

- 오늘 배운 전략들 되새기기
- 다음에 배울 내용 예시하기

☺ 오늘 어땠어요? 재미있었어요? 우리 오늘 뭐했는지 외쳐볼까요?

☺ 그래요. 우리 친구들 오늘은 '곰 세 마리' 노래도 부르고, 이야기도 들었고요, 스티커도 붙였어요. 중요한 거 뭐가 있었지요?

☻ 안 돼!

☺ 맞아요. 앞으로 수업시간에는 '안 돼~.'라는 생각이 날 때마다 노트 한 귀퉁이에 막대 표시를 하나씩 해 보기로 했죠? 그 표시들은 늘여 나가야 하는 건가요? 점점 줄여 가야 하는 건가요?

☻ 줄여 가야 해요!

☺ 우와~ 우리 친구들 잘 이해한 것 같네요. 그래요. 줄여가야 해요. 오늘 우리 친구들 너무너무 애썼어요. 다음 시간에 또 만나요. ^^

2회기	주의집중전략 1	시각집중

[활동목표]

- 시각적으로 제시된 내용에 집중하고, 기억하는 연습을 유도한다.

1. 들어가기 3분

- 준비물: 동시 낭독 음반
- 시를 감상하면서 수업에 집중할 수 있는 분위기를 조성한다.

☺ 수업을 시작하면서 시를 한 편 감상해 볼까요? 신현득 시인의 '할아버지 옛 친구'라는 시예요.

할아버지 옛 친구
-잊혀진 것 찾기-
신 현 득

나무뿔 두 개를 가진 놈이 있었지.
도깨비 아니었어.

허리에서 뒤쪽으로는
나무팔이 두 개.

무엇이나, 여기에 얹기만 하면
가벼워지는 요술.

가을이면 타작마당으로
들판을 업어 나르고
겨울 한 철, 산에서
땔나무를 업어 날랐지.

잡은 호랑이도 업어 오고
혼수짐도 업고 다녔지.
전쟁 폿소리 속을
피난 봇짐까지.

경운기 생기고부터
나무뿔 이놈이
"오랜 역사에서 나는 쉬자."
하며

헛간으로 들어가
숨어 버렸지.

고마웠던 이놈을
할아버지가 가끔

옛 친구라며
업고 나오시.

2. 몸 풀기 5분

• 친구가 말하는 발표 내용을 들으면서 이 내용을 기억해 본다.

☺ 할아버지의 옛 친구는 누구인가요?

☺ 시를 들으면서 할아버지의 어떤 마음이 느껴지나요?

☺ 사라지는 전통에 대한 할아버지의 안타까움을 느낄 수 있겠죠? 지난 시간에는 수업시간에 다른 생각이 나거나 집중이 흐트러질 때 '안 돼~.'라고 말하는 거 배웠었죠? 어때요, 막대가 많이 줄어들었나요? 이번 시간에는 주의집중을 하는 또 다른 방법을 배워 볼 거예요.

3. 활 동 30분

1) 시각적 주의집중 활동지 풀기 5분

• 준비물: 질문지

☺ 이제부터 자신의 기억력 및 암기력을 알아볼 수 있는 문제들을 잠시 풀어 볼 거예요.

1. 사과 딸기 복숭아 수박
2. 2-3-1-7-6
3. a-g-h-c-d-g
4. a- 비행기 b- 기차 c- 배 d- 트럭
5. 삼각형 사각형 원 타원형

• 문제지를 푸는 시간

☺ 이제 자신의 점수를 채점해 봅시다.

• 채점시간

☺ 자신의 암기력이 너무 낮다고 실망한 학생들도 있을 거예요. 하지만 암기력은 자신이 노력하면 얼마든지 향상될 수 있어요. 그러니까 많이 실망하지 말고 지금부터 하는 게임을 통해서 기억력을 높이기 위해 노력해 보아요.

〈활동지 2〉 시각적 주의집중 활동지

시각적 주의집중 활동지

____학년 ___반 ___번 __________

주의할 점: 이 검사지는 기억력을 측정하기 위한 것이기 때문에 문제를 한 번씩 만 읽고 풀어야 합니다.

1.
문제: 다음 중 보기에 있지 않았던 과일은 무엇일까요?
① 사과 ② 딸기 ③ 복숭아 ④ 수박 ⑤ 참외

2.
문제: 제시되었던 숫자를 순서대로 다시 배열해 봅시다.

3.
문제: 제시되었던 알파벳을 순서대로 다시 배열해 봅시다.

4.
문제: 각자 알파벳에 있었던 교통수단을 생각해 적어 봅시다.

5.
문제: 다음 중 보기에 있지 않았던 모형은 무엇일까요?
① 오각형 ② 사각형 ③ 원 ④ 타원형 ⑤ 삼각형

2) 치킨차차차 게임 25분

(1) 활동목적

- 게임을 통해서 주어진 내용을 집중해서 이해하고 기억하는 연습을 유도한다.
- 각자 암기 게임을 통해 자신이 잘할 수 있는 암기방법을 만들어 본다.

(2) 준비물

색연필, 가위, 말

(3) 지시사항

☺ 이제 치킨차차차 게임을 통해 주의집중력을 높이는 연습을 해요. 그림의 모양을 잘 기억해야지 게임에서 이길 수 있어요. 각자 조별로 앉아 게임할 준비가 되었나요? 여기 똑같은 그림이 두 장씩 있어요. 이제 두 장 중에서 하나는 가운데에 둥글게 모아 뒤집었어요. 나머지 카드는 그 주위를 경기장 모양으로 둥글게 놓아서 게임판을 만들게요.

☺ (게임판을 만듦)

☺ 이제 게임을 시작할 준비가 되었네요. 각자 말을 출발점에 세워 놓고, 게임을 시작합시다. 먼저 가운데에 모은 카드를 한 장씩 뒤집으면서 어떤 그림이 어떤 위치에 있는지 기억해야 해요. 그렇게 해야 자신의 말을 움직일 수 있어요. 자신의 차례가 올 때마다 자신의 말의 바로 앞에 있는 카드가 무엇인

지 맞춰야 전진할 수 있는 거랍니다. 이렇게 기억을 가장 잘 해서 먼저 결승점에 들어온 사람이 이기는 거예요.

(4) **지도요령**

- 이 활동을 본격적으로 진행하기에 앞서 연습활동을 한두 번 실시하여 활동절차와 방법을 알려 준다.
- 소수의 학생이 활동을 독점하지 않도록 게임의 원칙을 알려 주고 지도한다.

4. 정리 및 마무리 2분

☺ 이번 시간에는 기억 및 암기를 더 잘할 수 있는 연습을 몇 가지 해 보았어요. 여러분 이번 시간을 통해서 수업내용을 더 잘 기억할 수 있을 것 같아요? 앞으로 다른 수업시간에도 오늘 배운 내용들을 꼭 활용해 볼 거죠?

☺ 다음 시간에는 더욱 재미있는 수업으로 만나요. 그럼 다음 시간에 만나요~.

3회기	주의집중전략 2	청각집중

[활동목표]

- 뒷 내용을 상상하며 선생님이 들려주는 이야기에 집중할 수 있다.
- 이야기의 뒷 내용을 상상하며 이야기를 꾸밀 수 있다.
- 선생님의 말씀에 주의집중하여 그것을 잘 이해하고 기억해 낼 수 있다.

1. 들어가기 2분

- 집중 박수

☺ 박수로 집중해.
　짝짝 짝짝짝 (박수를 치면서)
☺ 박수로 집중해.
　짝짝 짝짝짝 (박수를 치면서)

- 학생 모두가 집중을 할 수 있도록 집중 박수 2~3번으로 주의 환기를 한다.

2. 몸 풀기 게임: 책 빼어 읽기 5분

(1) 활동목적

주의력 집중을 유도하는 동시에 청각적 주의력을 유도할 수 있다.

(2) 준비물

유인물

(3) 지시사항

- 교과서의 동화 부분을 읽다가 읽는 사람이 틀리면 다른 사람이 손을 들고 틀린 부분부터 읽어 나가도록 한다.

☺ 여러분, 이제부터 재미있는 게임을 해 볼 거예요. 선생님이 책을 읽다가 틀리면, 다른 사람이 손을 들고 틀린 부분부터 읽어 나가는 거예요. 언제 틀릴지 모르니까 잘 집중해서 듣고 있어야겠죠?

☻ 네~.

☺ 그럼 누가 먼저 읽어 볼까요? 틀린 부분이 있나 없나 잘 들으면서 읽어 보세요.

(4) 지도요령

- 어느 정도 책을 읽다가 틀리고 다른 학생이 읽도록 유도한다.
- 과도한 경쟁이 일어나면 선생님이 다시 빼어 읽어서 흥분을 진정시키도록 한다.

3. 활 동 30분

1) 이야기 듣기 5분

(1) 활동목적

• 교사가 시각 자료를 활용하여 구연동화로 이야기 듣기에 집중을 유도한다.

(2) 준비물

구연동화 시각 자료

(3) 지시사항

☺ 자, 모두들 책 빼어 읽기 재미있게 해 보았나요?

☻ 네~.

☺ 여러분들이 책을 아주 잘 읽어 주어서 선생님은 참 흐뭇했어요. 그럼, 오늘의 학습목표를 읽어 볼까요?

• 학습목표를 멀티미디어를 사용해 제시한다.

• 뒷 내용을 상상하며 선생님이 들려주는 이야기에 집중할 수 있다. • 이야기의 뒷 내용을 상상하며 이야기를 꾸밀 수 있다. • 선생님의 말씀에 주의집중하여 그것을 잘 이해하고 기억해 낼 수 있다.

☺ 수고했어요. 이제 선생님이 재미있는 이야기를 들려 줄 거예요. 제목은 '진짜 도둑'이에요. 무슨 내용일 것 같나요?

☻ 도둑이야기요~.

☺ 네, 맞았어요. 선생님이 해 주는 이야기 잘 들어 보세요.

• 구연동화와 함께 시각 자료를 제시해 집중을 유도한다.

〈진짜 도둑〉

옛날, 어느 나라에 임금의 보물창고를 지키는 문지기 거위 가윈이 살고 있었다. 보물창고의 열쇠를 허리에 차고, 문 앞을 지키면서, 아무도 그 안으로 들어가지 못하게 하는 것이 가윈의 일이었다. 그는 매우 성실하고 착한 문지기였으므로 임금도 가윈을 믿고 사랑하였다.

그러던 어느 날, 보물창고에 있던 금화가 없어지는 사건이 발생하였다. 금화가 사라지자 임금은 보물창고를 더욱 엄하게 지키라고 명령하였다. 하지만 그 다음 날도 또 그다음 날도 금화는 사라졌다. 화가 난 임금은 문지기인 가윈을 불러 책임을 물었다.

"금화가 사라지는 동안 자네는 무엇을 했나! 잠시 자리를 비우거나, 다른 사람에게 열쇠를 넘겨준 적이 있었나?"

가윈이 억울하다는 표정으로 대답하였다.

"아닙니다, 임금님. 저는 맹세코 그런 적이 없습니다. 저는 잘 때도 보물창고 문 앞에서 열쇠를 꼭 쥐고 자는 걸요."

그러자 임금이 더욱 화를 내며 말하였다.

"그렇다면 아무도 보물창고 안으로 들어갈 수 없단 말이로군! 그런데도 금화가 사라졌으니 도둑은 가윈, 바로 자네가 틀림없어!"

깜짝 놀란 가윈은 눈물을 흘리며 임금에게 애원하였다.

"임금님, 저는 도둑이 아닙니다. 제가 보물창고를 열심히 지켰다는 것을 임금님이 더 잘 아시지 않습니까?"

하지만 임금은 가윈의 말을 들으려고 하지 않았다. 가윈은 졸지에 감옥에 갇히는 신세가 되고 말았다. 주변의 모든 친구들도 가윈에게 따가운 시선을 보냈다.

"어떻게 가윈이 저럴 수 있지? 임금님의 보물을 훔치다니……."

"그러게 말이야. 가윈에게 정말 실망했어."

가윈은 자신이 도둑이 아님을 주장하였지만, 가윈의 말을 믿어 주는 사람은 아무도 없었다. 하지만 이런 가윈의 모습을 보고 걱정스러운 눈빛을 하고 있는는 인물이 있었다. 그것은 바로 가윈의 친구인 생쥐 데릭이었다.

데릭은 며칠 전 우연히 보물창고의 벽을 갉아 구멍을 뚫고 그 안으로 들어가게 되었다. 창고 안에 수북이 쌓인 반짝이는 금화를 보자 데릭은 눈이 휘둥그레졌다.

'우와! 정말 멋있는 물건이군. 저것을 가져다가 거실 벽에 걸어 놓으면 우리 집이 아주 환해질 거야.'

그래서 데릭은 집을 꾸미기 위해 매일 금화 하나씩을 물어다 자기 집 거실에 가져다 놓았던 것이다. 자신이 한 일을 가윈이 뒤집어쓰고 감옥에 갇혔다는 사실에 데릭은 매우 고통스러웠다.

'나 대신 가윈이 도둑으로 몰리다니. 어쩌면 좋을까. 이제 와서 내가 한 짓이라고 밝히면……. 아, 사람들은 나를 못된 생쥐라고 욕하겠지? 그렇다고 가윈을 계속 감옥에 둘 수도 없고…….'

다음 날, 성 안이 발칵 뒤집히는 사건이 발생하였다. 감옥에 갇혀 있던 가윈이 몰래 도망을 친 것이다.

☺ 자, 여러분, 이야기를 잘 들었나요?

☻ 네~.

☺ 이 이야기의 등장인물은 누가 있었죠?

☻ 데릭이요~.

☻ 가윈이요~.

☻ 임금님이요~.

☺ 네, 맞아요. 여러분이 이야기를 아주 잘 듣고 있었네요. 이 이야기에는 가윈과 데릭과 임금님이 나왔어요.

2) 이야기 꾸미기 및 발표하기 15분

(1) 활동목적

- 활동지를 나누어 주고 교사가 들려준 이야기의 뒷 내용을 상상해 쓸 수 있도록 한다.
- 자신이 상상한 이야기를 발표하도록 한다.
- 발표를 하면 자신감이 붙을 수 있도록 친구들에게 칭찬박수를 치도록 해 준다.

(2) 준비물

스톱워치, 활동지, 멀티미디어

(3) 지시사항

☺ 그런데 이 이야기의 끝이 이상하지 않나요?

☻ 끝나지 않은 것 같아요~.

☺ 맞아요. 이 이야기는 끝이 나지 않았어요. 여러분이 선생님이 나누어 준 활동지에 뒷이야기를 상상해서 써 보세요. 선생님이 스톱워치를 10분으로 맞춰 놓을 거예요. 제한시간 10분 동안 열심히 뒷 내용을 꾸며 보세요.

- 활동지를 나누어 준다.
- 멀티미디어를 사용해 스톱워치를 TV에 띄우고 시간을 10분으로 맞춰 놓는다. 스톱워치를 보면서 시간을 조절할 수 있다.

〈활동지 3〉 이야기 꾸미기

'진짜 도둑'을 읽고 뒷 내용을 상상하여 써 봅시다.

___학년 ___반 번호____이름: __________

☺ 자, 여러분, 10분이 다 지났어요. 모두 뒷 내용을 상상해 글을 써 보았나요?

☻ 네~.

☺ 그럼 다섯 친구만 발표를 해 보겠어요.

- 손을 든 다섯 명을 뽑아 발표를 시킨다.
- 발표를 마친 친구에게는 칭찬박수를 쳐 주어 자신감을 심어 준다.

☺ 여러분 모두 이번 시간 어땠나요?

☺ 여러분이 잘해 주어서 선생님은 참 기분이 좋네요. 모두에게 칭찬박수를 쳐 줍시다.

- 박수로 주의 환기를 유도한다.

3) 사후검사 10분

(1) 활동목적

- 진전도 평가를 위한 사후검사 자료를 획득한다.
- 검사를 통한 참가자들의 자기이해를 촉진한다.

(2) 준비물

청소년 학습전략 검사(ALSA), 필기도구

(3) 지시사항

☺ 그럼 지금부터 선생님이 설문지를 나누어 줄게요. 그 종이를

받으면, 글을 잘 읽고 질문에 대답해 주세요. 시험도 아니고 정답이 있는 검사는 아니지만 꼼꼼히 대답해 주세요~.

(4) **지도요령**

- 청소년 학습전략 검사(ALSA)의 실시와 활용은 〈부록 1〉을 참고한다.
- 질문지 작성이 끝난 후 마크가 표시되었는지를 확인하고 모두 회수한다.
- 검사를 실시하는 데 참가자들이 불편해 하는 것이 느껴지면 별칭을 적어 검사지를 제출하도록 하는 간단한 방식을 선택할 수 있다.

4. 정리 및 마무리 3분

- 집중 박수로 집중을 유도한다.
- 모두에게 수고의 의미로 칭찬박수를 치도록 한다.
- 다음 회기를 예고하며 마무리한다.

☺ 찌개박수 시작!(박수와 함께 율동)

지글지글 짝짝

보글보글 짝짝

지글 짝 보글 짝

지글보글 짝짝

☺ 여러분 모두, 오늘도 잘해 주었어요. 재미있었나요?

☺ 오늘은 선생님이 하는 말씀에 집중하는 연습을 했지요? 여러

분, 오늘도 참 잘했어요. 서로에게 칭찬박수를 쳐 줍시다.

☺ 네, 오늘 배웠던 것들은 다른 수업시간에도 꼭 해 보기예요. 약속할 수 있죠?

☻ 네~.

☺ 선생님이 수업시간에도 말했듯이 주의집중력은 여러분이 노력만 한다면 얼마든지 좋아질 수 있어요. 앞으로 틈틈이 주의집중력을 늘리기 위해 노력해 보세요. 알겠지요?

학생용 워크북

〈워크북 활동지 1〉 자기평가지

자 기 평 가 지

___학년 ___반 번호 ____이름: __________

"안 돼!"라고 말하면서 스티커를 붙여 주세요.
스티커의 개수는 점점 줄여 나가야겠지요.

___요일 ___교시										
___요일 ___교시										
___요일 ___교시										
___요일 ___교시										
___요일 ___교시										
___요일 ___교시										
___요일 ___교시										
___요일 ___교시										
___요일 ___교시										
___요일 ___교시										
___요일 ___교시										

〈워크북 활동지 2〉 시각적 주의집중 활동지

시각적 주의집중 활동지

____학년 ____반 ____번 이름: ____________

주의할 점: 이 검사지는 기억력을 측정하기 위한 것이기 대문에 문제를 한 번 씩만 읽고 풀어야 합니다.

1.
문제: 다음 중 보기에 있지 않았던 과일은 무엇일까요?
① 사과 ② 딸기 ③ 복숭아 ④ 수박 ⑤ 참외

2.
문제: 제시되었던 숫자를 순서대로 다시 배열해 봅시다.

3.
문제: 제시되었던 알파벳을 순서대로 다시 배열해 봅시다.

4.
문제: 각자 알파벳에 있었던 교통수단을 생각해 적어 봅시다.

5.
문제: 다음 중 보기에 있지 않았던 모형은 무엇일까요?
① 오각형 ② 사각형 ③ 원 ④ 타원형 ⑤ 삼각형

〈워크북 활동지 3〉 이야기 꾸미기

'진짜 도둑'을 읽고 뒷 내용을 상상하여 써 봅시다.

___학년 ___반 번호____이름: __________

부록 1: 청소년 학습전략 검사

1. 검사의 구성

청소년 학습전략 검사(Assessment of Learning Strategies for Adolescents: ALSA)는 청소년을 위한 학습전략 검사 도구로 초등학교 5학년 이상의 학생들에게 적용이 가능하다. 청소년 학습전략 검사는 모두 4개의 하위요인(학습동기, 자아효능감, 인지 · 메타인지 전략, 자원관리전략)으로 구성되어 있으며, 각 하위요인에 따른 문항 수는 다음과 같다.

구분	문항 수
학습동기	9
자아효능감	12
인지 · 메타인지 전략	17
자원관리전략	9
청소년 학습전략 검사 전체	47

검사의 반응 형식은 4단계 평정으로, 피검자들이 각 문항의 내용에 대해 '매우 그렇다' 4점, '그렇다' 3점, '아니다' 2점, '전혀 아니다' 1점 중에서 하나를 선택하게 하였다.

2. 하위 구인 설명

1) 학습동기

동기란 '행동을 시작하게 하고, 지속시키며, 방향 짓게 하는 힘'을 의미한다. 학습동기에 대한 연구는 '무엇이 사람들을 학습하도록 하는가? 사람들은 왜 학습하는가?' 등의 질문으로부터 비롯되었다. 즉, 학습에 대한 선택, 잠재성, 강도, 지속성, 수반된 인지적 · 정서적 반응 등을 고려하는 것이다.

예컨대, 학생 중에 공부를 즐기거나 학습과제에 도전하기를 선호하는 학생들이 있다면 이런 학생들은 외부의 어떤 보상이 없더라도 공부를 지속적으로 할 것이다. 이런 학생은 학습에 대한 내재동기가 상당히 높다. 반면에 같은 학급의 다른 친구들보다 공부를 잘해야 한다고 생각하거나 이후에 부모님의 칭찬이나 선물을 기대해서 공부를 하는 학생들은 외재동기가 높은 학생들이다. 청소년 학습전략 검사(ALSA) 중 '학습동기' 영역 문항의 예는 다음과 같다.

〈청소년 학습전략 검사(ALSA) '학습동기' 문항 예시〉

문항번호	문항내용
3	새로운 것을 배울 수 있다면, 나는 성적보다는 공부하는 과정에 만족한다.
5	내가 공부에 흥미를 느끼고 있는지를 중요하게 생각한다.

2) 자아효능감

자아효능감은 학습자가 학업적 과제의 수행을 위해 필요한 행위를 조직하고 실행해 나가는 자신의 능력에 대해 내리는 판단을 의미하는 것으로 '자기 자신이 어느 정도의 능력을 갖춘 사람인가'에 대한 스스로의 판단에 해당한다. 자아효능감이 높은 학습자는 도전적인 과제를 선택하고, 주어진 과제를 성공적으로 수행하기 위해 더 많은 노력을 기울이며, 어려운 일이 닥쳐도 끈기 있게 과제를 지속한다. 또한 자아효능감이 높을수록 불안을 느끼는 정도가 낮고, 보다 효과적인 학습전략을 사용하며, 뛰어난 자기조절능력을 보인다.

예컨대, 자신이 스스로 상당히 높은 수준의 능력을 가지고 있다고 믿는 학생은 도전적인 과제를 좋아할 것이다. 그런데 실제 자기 능력 수준이 형편없는데도 자신이 상당한 능력을 가진 것으로 판단하는 학생이 있다면 이 학생은 비현실적인 자기기대를 하게 될 것이다. 따라서 자기 자신의 능력 정도를 정확하게 판단하는 것이 매우 중요하다. 청소년 학습전략 검사(ALSA) 중 '자아효능감' 영역 문항의 예는 다음과 같다.

〈청소년 학습전략 검사(ALSA) '자아효능감' 문항 예시〉

문항번호	문항내용
16	나는 어려움이 있더라도 꾸준히 노력한다.
20	나는 항상 목표를 세우고 그것에 비추어서 일의 진행 상태를 확인한다.

3) 인지 · 메타인지 전략

학습전략은 학습자가 자신의 부호화 과정에 영향을 주거나 학습하는 동안 자신의 학습에 관여하는 모든 사고와 행동을 의미한다. 이런 과정에서 학습전략은 학습자로 하여금 새로운 정보를 효과적이고 효율적으로 습득 · 파지하고 적용할 수 있도록 하는 일종의 도구다. 학습전략은 인지적 학습전략, 메타인지적 학습전략 그리고 자원관리전략, 이 세 가지 범주로 구분할 수 있다. 인지적 전략에는 시연전략, 정교화 전략, 조직화 전략 등이 있고, 메타인지전략에는 계획하기, 조절하기 등이 포함된다.

예컨대, 인지 · 메타인지 전략이 뛰어난 학생들은 새로운 정보를 학습하는 방법을 알고 있으며, 다음과 같은 활동에 익숙할 것이다.

(1) 인지적 전략

- 시연전략: 암송, 따라 읽기, 베끼기, 자구적 노트정리, 밑줄 치기

- 정교화 전략: 매개단어법, 심상, 장소법, 의역, 요약, 유추 생성, 생성적 노트정리, 질문-대답
- 조직화 전략: 결집, 기억조성법, 핵심 아이디어 선택, 개요화, 망상화, 다이어그램화

(2) 메타인지전략

- 계획전략: 목표설정, 대충 훑어보기, 질문생성
- 점검전략: 자기검사, 시험전략
- 조정전략: 독서속도 조절, 재독서, 복습, 수검전략

청소년 학습전략 검사(ALSA) 중 '인지 · 메타인지 전략' 영역 문항의 예는 다음과 같다.

〈청소년 학습전략 검사(ALSA) '인지 · 메타인지 전략' 문항 예시〉

문항번호	문항내용
24	나는 새롭게 배운 내용이 타당한지 확인하기 위해 스스로 의문을 갖는다.
34	공부할 때, 어려운 문제가 생기면 전 단계로 돌아가서 다시 공부한다.

4) 자원관리전략

자원관리전략은 학습전략의 한 범주로서, 자신에게 주어진 주변 환경을 효율적으로 활용하여 새로운 정보를 효과적으로 학습하는 방법이다. 자원관리전략은 시간관리, 공부환경관리,

노력관리 및 타인의 조력 추구 등으로 구성되어 있다. 예컨대, 자원관리전략이 뛰어난 학생은 학습 시에 다음과 같은 활동에 익숙할 것이다.

- 시간관리: 시간표 작성, 목표설정
- 공부환경관리: 장소 정리, 조용한 장소, 조직적인 장소
- 노력관리: 노력에 대한 귀인, 기분 조절, 스스로에게 이야기하기, 끈기 가지기, 자기강화
- 타인의 조력: 교사로부터의 조력 추구, 동료로부터의 조력 추구, 동료/집단 학습, 개인지도 획득

청소년 학습전략 검사(ALSA) 중 '자원관리전략' 영역 문항의 예는 다음과 같다.

〈청소년 학습전략 검사(ALSA) '자원관리전략' 문항 예시〉

문항번호	문항내용
39	나는 공부를 하다가 지루해지면 계획했던 분량을 끝내기 전이라도 그만 둔다.
44	수업 중에 잘 이해되지 않는 내용이 있어도 나는 선생님께 질문하지 않는다.

3. 검사의 실시와 채점

1) 검사의 실시

청소년 학습전략 검사는 개별검사 혹은 집단검사로 실시될 수 있다. 검사 실시에 적합한 환경은 채광과 통풍이 잘 되는 쾌적한 장소다. 검사를 실시할 때의 분위기는 피검자가 조용하고 편안함을 느낄 수 있어야 하며, 다른 사람으로부터 방해를 받지 않아야 한다. 주로 책상과 의자가 준비된 강의실, 교실, 상담실에서 실시될 수 있다. 학교에서는 학생들의 집중력이 떨어지는 오후보다는 오전에 검사를 실시하는 것이 더 좋을 것이다. 특히 학생들은 학교 방송을 통하여 청소년 학습전략 검사를 실시하기 위한 안내를 받을 수도 있다.

학생들은 필기구를 준비하고 검사지에 인적사항을 기록한 다음, 문항 1번부터 각 문항에 대해 자신에게 알맞다고 생각하는 답을 골라 ✔표를 한다.

검사를 실시하는 교사나 상담자들은 학생이나 피검자들이 문항의 내용을 잘 읽고 솔직하게 응답할 수 있도록 검사의 목적을 충분히 설명할 필요가 있다. 그리고 청소년 학습전략 검사에서 학생들은 각 문항의 내용에 대해 '매우 그렇다' 4점, '그렇다' 3점, '아니다' 2점, '전혀 아니다' 1점 중에서 하나를 선택하도록 한다.

2) 채점

학교나 기관에서 청소년 학습전략 검사를 실시한 후에 검사지의 오른쪽 부분 자르는 선을 따라 떼어 낸 후 표시된 하위척도별 원점수를 합산한다. 합산된 원점수를 학지사에서 제공하는 채점프로그램에 입력하면 프로파일과 결과 해석으로 구성된 채점 결과를 개별적으로 출력할 수 있다.

청소년 학습전략 검사를 학교, 회사, 상담기관, 병원, 연구소 등에서 개별 검사할 경우, 교육학, 상담심리학, 임상심리학 전공자와 같이 심리검사에 대한 지식을 가진 사람들이나 청소년 학습전략 검사 연수회에 참여한 교사나 상담자들이 이를 실시하고 채점할 수 있다.

구체적인 채점방법은 다음과 같다.

- 검사결과 얻어진 원점수를 하위척도별(학습동기, 자아효능감, 인지 · 메타인지 전략, 자원관리전략)로 합산한다.
- 합산된 원점수를 '청소년 학습전략 검사 하위척도 규준표'[1]를 참고하여 T점수로 환산한다.
- 하위척도별로 얻어진 T점수를 합산한 후 '청소년 학습전략 검사 전체 척도 규준표'를 참조하여 전체 검사의 T점수를 확인한다.
- 하위척도별 T점수와 전체 검사 T점수를 프로파일 해석 부분

1) 김동일(2007). 알자(ALSA) 청소년 학습전략 검사 실시요강에서 참고.

에서 참조하여 해석한다.

3) 검사반응의 타당도

청소년 학습전략 검사는 다음의 두 가지 방법으로 검사반응의 타당도를 측정할 수 있다. 무선 반응(random responding)은 피검자가 검사를 실시하는 것에 대해 비협조적이거나 임의적으로, 문항내용에 관계없이 반응한 경우다. 이러한 경우는 검사가 집단으로 실시되거나 혹은 검사자가 피검자들에게 청소년 학습전략 검사의 목적을 충분히 설명하지 않았을 때 발생할 수 있다. 검사를 실시하는 데 동기화되지 않은 피검자들은 단지 검사를 빨리 끝내기 위해 아무렇게나 응답을 한다. 무선 반응 여부에 대해서는 피검자들이 반응한 응답지를 면밀히 살펴보면 알 수 있다. 응답지에 일정한 양식으로 선택된 반응이 길게 나타나는 경우가 그 예다. 무선 반응은 일반적으로 다음 네 가지 형태의 연속 반응을 나타낸다. ① 9개 문항 이상에 연속적으로 '매우 그렇다'로 응답한 경우, ② 14개 문항 이상에 연속적으로 '그렇다'로 응답한 경우, ③ 10개 문항 이상에 연속적으로 '아니다'로 응답한 경우, ④ 6개 문항 이상에 연속적으로 '전혀 아니다'로 응답한 경우, 이들 경우에 해당된다면 청소년 학습전략 검사결과가 타당하게 채점되고 해석될 수 없다.

또 다른 무선 반응의 유형은 연속적인 형태는 아니지만 선택지를 무선으로 찍는 경우다. 다음 하위요인의 문항 간 반응 관련성이 없는 경우, 즉 다음 네 가지 관계 문항 모두에서 동일한 반응이 없을 때 검사의 무선 반응 가능성에 대해서 고려해야 한다.

〈무선 반응 검토 문항 쌍〉

구분	검토 문항 쌍
학습동기	6~7번
자아효능감	13~15번
인지 · 메타인지 전략	23~25번
자원관리전략	43~44번

부록 2: 주의집중 관련 프로그램

■ **학습기술 습득 프로그램**

김동일 외(2008), 서울대학교 교육연구소(인천광역시 교육청, 교육과학기술부).

1. 자기조절학습 -공부하기-
2. 집중력 높이기
3. 시간 다스리기
4. 학습공간 관리하기

■ **주의력 결핍 학습장애 초등학생을 위한 학습전략 프로그램**

김동일 외(2005), 서울대학교 교육종합연구원(특수교육연구소).

5. 자원관리전략 1-시간 및 환경관리-
6. 자원관리전략 2-시간활용 10배 늘리기-

1. 자기조절학습

—공부하기—

공부할 문제

첫째 시간

- 자기조절학습의 개념을 말할 수 있습니다.
- 자기조절학습의 구성요소를 말할 수 있습니다.

학습의 흐름

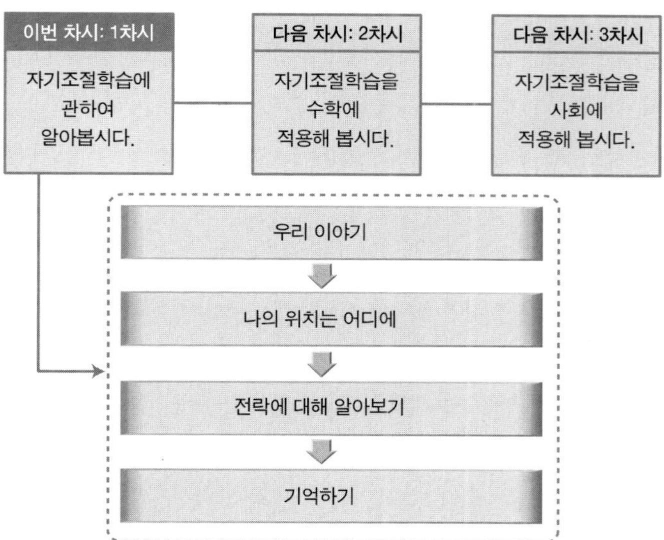

우리 이야기

다음 이야기를 읽어 봅시다.

정현이는 공부하는 것을 힘들어 하는 아이입니다.

어느 날 정현이는 같은 반 친구 은선이를 좋아하게 되었습니다. 정현이는 용기를 내어 선생님께 말했습니다.

"선생님, 저 은선이와 짝하고 싶어요."

선생님께서는 정현이가 공부를 열심히 하면 그렇게 하겠다고 약속하셨습니다.

정현이는 집에서 공부하기 위해 책상에 앉았습니다. 그런데 어떻게 공부해야 할 지 잘 몰랐습니다. 그래서 공부 계획을 세워 보기로 했습니다. 먼저 수학을 1시간 공부하기로 했습니다. 그리고 TV 소리가 너무 커서 TV를 껐습니다.

공부를 하며 중요한 내용은 공책에 썼고 모르는 내용은 인터넷에서 찾아보거나 엄마에게 물어보았습니다. 암기할 내용은 말로 말하며 암기했고 공부한 내용을 평가하기 위해 문제집을 풀었습니다.

문제집을 채점했더니 80점을 받았습니다. 정현이는 오늘 공부에 만족했고 열심히 공부한 자신에게 컴퓨터를 할 수 있는 자유 시간을 주기로 했습니다.

아래의 문제를 풀어 봅시다.

1. 주인공은 공부를 할 때 어떤 방법으로 하였나요?

   ⇨ 시간을 정했다. TV를 껐다. 모르는 내용을 인터넷에서 찾았다. 문제집을 풀었다. 자유 시간을 자신에게 주었다 등등

2. 주인공처럼 학습을 스스로 계획하고, 학습과정을 점검하고, 학습 후 자신의 학습을 스스로 평가하는 것을 자기조절학습이라고 합니다. 주인공과 비슷한 경험을 써 봅시다.

   ⇨ 공부할 때 TV를 껐던 적이 있습니다. 모르는 내용을 인터넷에서 찾았습니다. 공부를 한 후 문제집을 풀었습니다 등등

Tip

교사는 읽기 자료를 학습장애아동에게 한 번 소리 내어 읽어 준다. 그리고 학생에게 읽기 자료를 큰 소리로 읽어 보게 한다. 읽기 자료 속에는 자기조절학습의 구성요소가 들어가 있으므로 그 구성요소를 강조하여 읽도록 한다. 교사는 학습장애아동에게 자기조절학습이 무엇인지 학생 수준에 맞는 언어로 제시하도록 한다.

나의 위치는 어디에

자기의 자기조절학습 태도를 알아봅시다.

1. 다음 표를 읽고 ○, ×를 하며 자신의 자기조절학습 태도를 점검해 봅시다.

자기조절학습 태도 ○, ×		
과정	세부 활동	○, ×
1	공부시간을 정하고 공부를 한다.	○
2	TV나 컴퓨터를 끄고 조용한 환경에서 공부를 한다.	○
3	공부 중 모르는 내용은 꼭 알고 넘어간다.	○
4	공부한 내용을 공책에 정리한다.	○
5	공부 중 중요한 내용은 표시를 한다(예: 밑줄 치기).	○
6	중요한 내용은 암기하려 한다.	○
7	부모님이나 선생님에게 모르는 내용을 잘 묻는다.	○
8	공부한 내용을 한 번 더 복습하려 한다.	○
9	공부를 마친 후 공부를 잘했는지 스스로 평가한다.	○
10	공부를 마친 후 공부를 잘했다고 생각하면 하고 싶은 것을 한다.	○

2. 나의 자기조절학습 태도는 어디에 있는지 ○ 표시를 해 봅시다.

○ 개수	나의 자기조절학습 태도	나의 위치는?
9~10	매우 우수합니다.	○
7~8	우수합니다.	
5~6	보통입니다.	
3~4	조금 부족합니다.	
0~2	많이 부족합니다.	

Tip

교사는 '자기조절학습 태도 ○, ×'를 할 때 학습장애학생의 특성을 고려하여 전체적으로 세부 내용을 학생에게 설명한다. 그리고 한두 문제 ○, × 시범을 보인 후 학생에게 '자기조절학습 태도 ○, ×'를 하도록 한다. 이 활동의 목적은 ○, ×의 개수를 파악하는 것이 아니라 자기조절학습의 구성요소를 도입하는 것이다.

전략에 대해 알아보기

아래의 내용을 소리 내어 읽어 봅시다.

구성요소	내 용
학습목표와 학습계획 세우기	공부를 시작하기에 앞서 어떤 과목의 어떤 내용을 언제 공부할지 시간을 정하는 활동
좋은 학습환경 만들기	공부를 잘하기 위해서 공부에 방해되는 환경을 제거하는 활동
도움 되는 내용 찾기	공부에 도움이 되는 지식을 찾는 활동
학습내용 정리하기	공부 중 중요한 내용이나 기억할 내용을 공책에 정리하는 활동
중요 내용 표시하기	공책에 정리한 내용 중에 중요한 내용에 밑줄을 긋거나 표시하는 활동
중요 내용 기억하기	중요한 내용을 기억하기 위해 암기하는 활동
확인 및 공부 더 하기	공부한 내용을 문제집을 풀어 확인해 보거나 공부한 내용 중 더 알고 싶은 내용 또는 부족한 내용을 더 공부하는 활동
도움 요청하기	공부 중 알고 싶은 내용을 주위의 친구나 선생님 또는 부모님에게 묻는 활동
자기평가하기	자기조절학습을 잘했는지 평가하기
상 주기	평가 결과에 따라 자신에게 상 주기

Tip

학습장애학생이 구성요소에 대한 충분한 학습을 하였는지 확인하기 위하여 '자기조절학습 구성요소 선 긋기' 활동을 한다. 만약 학생이 선 긋기 활동을 잘 하지 못한다면 다시 구성요소 학습을 하도록 하고 충분한 학습 후 다시 선 긋기 활동을 하도록 한다.

자기조절학습의 구성요소 중 서로 일치하는 내용에 선을 그어 봅시다.

활동 1

① 학습목표와 학습계획 세우기 •	• ㉮ 공부내용과 공부시간 정하기
② 좋은 학습환경 만들기 •	• ㉯ 도움 되는 정보 찾기
③ 도움 되는 내용 찾기 •	• ㉰ 공부에 방해되는 환경 제거하기
답 : ①－㉮, ②－㉰, ③－㉯	

활동 2

① 학습내용 정리하기 •	• ㉮ 중요 내용 밑줄 긋기
② 중요 내용 표시하기 •	• ㉯ 주요 내용 정리하기
③ 중요 내용 기억하기 •	• ㉰ 중요 내용 암기하기
답 : ①－㉯, ②－㉮, ③－㉰	

활동 3

① 확인 및 공부 더 하기 •	• ㉮ 자기조절학습 스스로 평가하기
② 도움 요청하기 •	• ㉯ 공부한 내용 확인하기 및 심화 · 보충하기
③ 자기평가하기 •	• ㉰ 자신에게 상 주기
④ 상 주기 •	• ㉱ 도움이 필요한 내용 주위 사람에게 묻기
답 : ①－㉯, ②－㉱, ③－㉮, ④－㉰	

Tip

여기서의 평가는 학습내용에 관한 평가가 아니라 '자기조절학습 사용'에 관한 평가를 한다. 본 회기의 궁극적인 목적은 학습장애학생이 '자기조절학습' 전략을 습득하도록 하는 것이기 때문이다. 즉, 학습장애학생이 자기조절학습의 구성요소 중 '학습목표와 학습계획 세우기' '좋은 학습환경 만들기' '도움 되는 내용 찾기' '학습내용 정리하기' '중요 내용 표시하기' '중요 내용 기억하기' '확인 및 더 공부하기' '도움 요청하기'와 관련하여 몇 개를 했는지 평가하는 것이다.

기억하기

◎ 아래의 '자기조절학습 구성요소 카드'를 오려 눈에 잘 띄는 곳에 놓고 자주 보도록 합니다.

학습목표와 학습계획 세우기	–공부 내용과 공부 시간 정하기
좋은 학습 환경 만들기	–공부에 방해되는 환경 제거하기
도움 되는 내용 찾기	–공부에 도움 되는 내용 찾기
학습 내용 정리하기	–주요 내용 정리하기
중요 내용 표시하기	–중요 내용 밑줄 긋기
중요 내용 기억하기	–중요 내용 암기하기
확인 및 공부 더 하기	–공부한 내용 확인하기 및 심화, 보충하기
도움 요청하기	–도움이 필요한 내용 주위 사람에게 묻기
자기 평가하기	–자기조절학습 스스로 평가하기
상 주기	–자신에게 상 주기

학습목표와 학습계획 세우기	–공부 내용과 공부 시간 정하기
좋은 학습 환경 만들기	–공부에 방해되는 환경 제거하기
도움 되는 내용 찾기	–공부에 도움 되는 내용 찾기
학습 내용 정리하기	–주요 내용 정리하기
중요 내용 표시하기	–중요 내용 밑줄 긋기
중요 내용 기억하기	–중요 내용 암기하기
확인 및 공부 더 하기	–공부한 내용 확인하기 및 심화, 보충하기
도움 요청하기	–도움이 필요한 내용 주위 사람에게 묻기
자기 평가하기	–자기조절학습 스스로 평가하기
상 주기	–자신에게 상 주기

학습목표와 학습계획 세우기	–공부 내용과 공부 시간 정하기
좋은 학습 환경 만들기	–공부에 방해되는 환경 제거하기
도움 되는 내용 찾기	–공부에 도움 되는 내용 찾기
학습 내용 정리하기	–주요 내용 정리하기
중요 내용 표시하기	–중요 내용 밑줄 긋기
중요 내용 기억하기	–중요 내용 암기하기
확인 및 공부 더 하기	–공부한 내용 확인하기 및 심화, 보충하기
도움 요청하기	–도움이 필요한 내용 주위 사람에게 묻기
자기 평가하기	–자기조절학습 스스로 평가하기
상 주기	–자신에게 상 주기

학습목표와 학습계획 세우기	–공부 내용과 공부 시간 정하기
좋은 학습 환경 만들기	–공부에 방해되는 환경 제거하기
도움 되는 내용 찾기	–공부에 도움 되는 내용 찾기
학습 내용 정리하기	–주요 내용 정리하기
중요 내용 표시하기	–중요 내용 밑줄 긋기
중요 내용 기억하기	–중요 내용 암기하기
확인 및 공부 더 하기	–공부한 내용 확인하기 및 심화, 보충하기
도움 요청하기	–도움이 필요한 내용 주위 사람에게 묻기
자기 평가하기	–자기조절학습 스스로 평가하기
상 주기	–자신에게 상 주기

Tip

교사는 이 카드의 내용을 전체적으로 읽어 주며 이미 학습한 내용임을 학생이 알도록 한다. 교사는 학습장애학생에게 '자기조절학습 구성요소 카드'를 자르도록 한 후 학생과 상의하여 학습장애학생이 이 카드를 자주 볼 수 있는 곳에 놓도록 한다. 카드를 책상의 한쪽 귀퉁이에 붙이는 것도 좋은 방법이 될 수 있으나 학생의 의견을 존중하여 카드의 위치를 정한다.

공부할 문제

둘째 시간

- 교사의 '자기조절학습 노트 카드' 작성법 시범을 보고 '자기조절학습 노트 카드'를 작성할 수 있습니다.

학습의 흐름

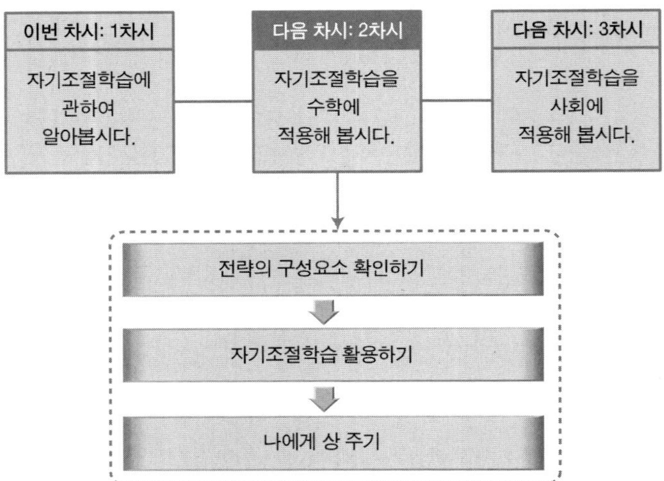

자기조절학습 활용하기

◉ 선생님의 시범을 보고 '자기조절학습 노트 카드'를 선생님처럼 작성해 봅시다.

Tip

학습장애학생은 교사의 시범을 본 후 이 활동을 시작한다. 따라서 교사는 아래의 내용과 지도서의 내용을 참고하여 '자기조절학습 노트 카드' 쓰기 방법을 이해한 후 학습장애학생에게 시범 보여야 한다. 교사의 시범은 구체적이고 명시적으로 이루어져야 하며 학생은 교사의 시범을 보고 각 과정에서 무엇을 하는지 이해할 수 있어야 한다.

1. '공부 전 카드'를 작성해 봅시다.

스스로 공부하는 꼬물~ 꼬물~ 꼬물이 학습카드	
과정	내용기록
공부 과목	수학
공부 내용	똑같이 나누어 봅시다.
시간 계획	2시~2시 40분
환경 만들기	교실 TV 끄고 수학책, 공책, 연필 준비하기

2. '공부 중 카드 I'을 작성해 봅시다.

스스로 공부하는 꿈틀~ 꿈틀~ 꿈틀이 학습카드 I	
과정	내용기록
도움되는 내용 찾기	나누기와 관련된 부분을 공부하므로 구구단을 한눈에 볼 수 있는 구구단 표를 찾아보고 준비하자.
내가 공부한 내용 쓰기 및 중요 내용 표시하기	8을 2씩 묶으면 4묶음이 됩니다. 이것을 식으로 8 ÷ 2 = 4라고 쓰고, '8 나누기 2는 4와 같습니다.'라고 읽습니다. 8 ÷ 2 = 4와 같은 식을 나눗셈식이라고 합니다. 나눗셈식 21 ÷ 3 = 7에서 7은 21을 3으로 나눈 (몫)이라고 합니다.

Tip

'공부 중 카드 I'은 자기조절학습의 구성요소 중 '도움 되는 내용 찾기' '학습 내용 정리하기' '중요 내용 표시하기'로 되어 있다. '공부 중 카드'는 학습과 직접 연관된 활동이므로 학생의 학습 특성과 수준을 고려한 교사의 적절한 시범과 설명을 요구한다. 교사는 학생의 학습 능력을 고려한 적절한 지도를 하도록 한다. 예로 학생이 쓰기 능력이 부족하여 쓰는 것을 힘들어 한다면, 학생 수준에 맞게 단어로 쓰기, 간단한 문장으로 쓰기, 핵심 낱말 쓰기 형태로 수준을 조절한다.

3. '공부 중 카드 II'를 작성해 봅시다.

스스로 공부하는 꿈틀~ 꿈틀~ 꿈틀이 학습카드 II	
과정	내용기록
자유롭게 쓰며 기억하기	〈기억 낙서장〉 8 ÷ 2 = 4 를 '8 나누기 2는 4와 같습니다.'라고 읽는다. 8 ÷ 2 = 4와 같은 식을 나눗셈식이라고 한다. 21 ÷ 3 = 7에서 7은 21을 3으로 나눈 몫이라고 한다.
확인 및 더 공부하기	수학익힘책 47~48 쪽을 풀어 본다. 문제집의 문제를 더 풀어 본다. 수학책 문제를 복습해야겠다.
도움 요청하기	선생님에게 수학익힘책 48쪽의 문제를 물어 본다. 또는 친구에게 물어 본다.

Tip

교사는 학습내용과 학생의 특성을 고려하여 카드 내용을 조절해야 한다. 예를 들어, '확인 및 더 공부하기'에서 학생이 공부를 잘해서 보충학습이나 심화학습을 할 필요가 없다면 확인만으로 끝내도록 한다. 또한 학생의 학습 상황이 주위 사람에게 '도움 요청하기'를 할 수 없는 상황이라면 '도움 요청하고 싶은 내용 쓰기'로 대체한다.

4. '공부 후 카드'를 작성해 봅시다.

스스로 공부하는 팔랑~ 팔랑~ 팔랑 나비 학습카드		
과정	내용	확인
나의 공부 결과는?	공부 과목을 기록했는가?	V
	공부 내용을 기록했는가?	V
	시간 계획을 세웠는가?	V
	환경 만들기를 했는가?	V
	나에게 줄 상을 결정했는가?	V
	도움되는 내용을 찾았는가?	V
	내용 쓰기 및 중요 내용 표시하기를 했는가?	V
	자유롭게 쓰며 기억하기를 했는가?	V
	확인 및 더 공부하기를 했는가?	V
	도움 요청하기를 했는가?	V
평가하기 〈해당란에 색칠하기〉	8~10개: 상 주기 / 0~7개: 다음에 상 주기	

Tip

'공부 후 카드'는 자기조절학습의 구성요소 중 '자기 평가하기'와 '상 주기'로 되어 있다. 이 부분에서는 '자기조절학습 노트 카드' 쓰기에 대한 전체적인 자기 평가와 그에 따른 상을 주는 활동이다.

교사는 자기평가와 상 주기 활동을 통하여 학생의 학습동기와 학습의욕을 높이도록 해야 한다. 예로, 학생이 '나에게 상 주기'를 '점심시간에 운동장에서 축구하기'로 했다면 교사는 학생이 스스로에게 상을 줄 수 있도록 도와주어야 한다.

나에게 상 주기

자신이 좋아하는 것을 써 봅시다.

좋아하는 것
• 컴퓨터 게임하기 • 축구하기 • 맛있는 음식 먹기 • 친구와 보드게임하기 • 발야구하기 • 자유 시간

자신에게 주고 싶은 상을 써 봅시다.

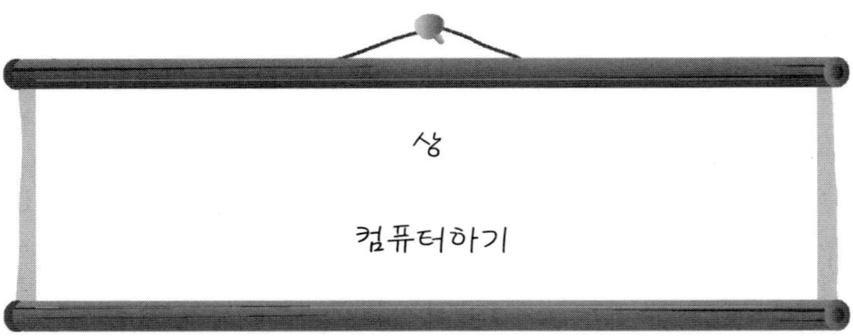

Tip

학습장애학생에게 자신이 좋아하는 것을 쓰게 한 후 그중에서 오늘 상으로 주고 싶은 것을 결정하여 상으로 주는 활동이다. 여기서의 상은 학습장애학생의 자기조절학습 전략 사용의 결과에 따라 주어지는 것이다. 따라서 교사는 이 활동을 통하여 전략 사용에 대한 강화나 전략 사용에 대한 동기화가 일어나도록 지도해야 한다.

공부할 문제

셋째 시간

- 학생은 독립적으로 '자기조절학습 노트 카드'를 학습에 적용할 수 있습니다.

학습의 흐름

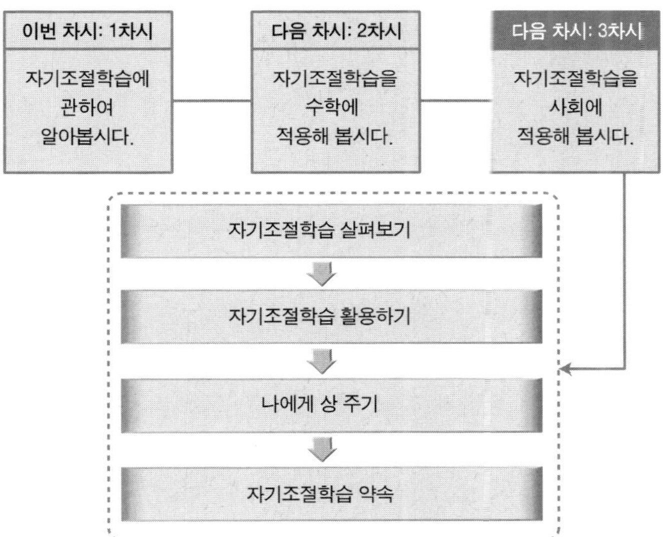

자기조절학습 살펴보기

자기조절학습 구성요소에 맞는 구체적 예를 찾아 선을 그어 봅시다.

활동 1

① 학습목표와 학습계획 세우기 •	• ㉮	수학과목의 '똑같이 나누기'를 6시부터 7시까지 공부하기
② 좋은 학습 환경 만들기 •	• ㉯	'똑같이 나누기'는 구구단과 관련이 있으므로 구구단 표를 인터넷에서 찾기
③ 도움 되는 내용 찾기 •	• ㉰	TV 끄기, 컴퓨터 끄기
답 : ①-㉮, ②-㉰, ③-㉯		

활동 2

① 학습내용 정리하기 •	• ㉮	'8을 2씩 묶으면 4묶음이 되는 것을 8÷2=4라 쓴다.'처럼 중요 내용에 밑줄을 한다.
② 중요 내용 표시하기 •	• ㉯	'8을 2씩 묶으면 4묶음이 되는 것을 8÷2=4라 쓴다.' 이 내용을 공책에 쓰며 정리하기
③ 중요 내용 기억하기 •	• ㉰	'8을 2씩 묶으면 4묶음이 되는 것을 8÷2=4라 쓴다.' 이것을 암기하기
답 : ①-㉯, ②-㉮, ③-㉰		

활동 3

① 확인 및 공부 더 하기	•	• ㉮	자기조절학습의 구성요소 중 몇 개를 했는지 평가하기
② 도움 요청하기	•	• ㉯	'똑같이 나누기'에 대한 수학익힘책 풀기 및 모르는 문제 복습하기
③ 자기평가하기	•	• ㉰	자기조절학습의 구성요소 8개를 썼으므로 나에게 상 주기
④ 상 주기	•	• ㉱	수학익힘책에서 모르는 문제를 선생님이나 부모님께 묻기
답 : ①–㉯, ②–㉱, ③–㉮, ④–㉰			

Tip

학습장애학생이 자기조절학습의 구성요소와 구성요소의 의미를 기억하고 있는지 확인한다. 학습장애학생이 전략의 구성요소와 구성요소의 의미를 잘 알지 못한다면 교사는 구성요소에 관한 학습을 다시 충분히 한 후 다음 학습으로 넘어가도록 한다.

자기조절학습 활용하기

◎ '자기조절학습 노트 카드'를 사회 교과에 적용해 봅시다.

'초등학교 3학년 1학기 사회 2단원 우리 고장 사람들의 생활 모습: 옛날과 오늘날의 자연을 이용하는 모습은 어떻게 다를까요?'에 적용한 예임

Tip

여기서는 초등학교 3학년 교과에 적용한 예를 보여 주었으나, 실제 현장에서 적용할 때는 학생의 특성과 능력을 고려하여 학생의 학년에 맞는 내용을 사용할 것을 권한다. 또한 사회 교과 외에 과학, 국어 등과 같은 다른 교과에 적용하여 사용할 수도 있다.

1. '공부 전 카드'를 작성해 봅시다.

스스로 공부하는 꼬물~ 꼬물~ 꼬물이 학습카드	
과정	내용기록
공부 과목	사회
공부 내용	옛날과 오늘날의 자연을 이용하는 모습은 어떻게 다를까?
시간 계획	6~7시
환경 만들기	책상 앞 컴퓨터 끄기

2. '공부 중 카드 Ⅰ'을 작성해 봅시다.

스스로 공부하는 꿈틀~ 꿈틀~ 꿈틀이 학습카드 Ⅰ	
과정	내용기록
도움 되는 내용 찾기	사람들이 자연을 이용하는 모습을 인터넷으로 검색해 보기
내가 공부한 내용 쓰기 및 중요 내용 표시하기	옛날 사람들은 산에서 나무를 얻어 땔감으로 사용했었다. 배를 이용하여 쌀과 같은 것을 이동시켰다. 산에 성을 쌓아 외적의 침입을 막았다. 흐르는 물에 물레방아를 놓아 곡식을 빻았다. 오늘날에는 산을 공원으로 만들어 사람들이 휴식을 취한다. 넓은 들에 아파트를 세워 많은 사람들이 살 수 있도록 한다. 강과 바다에서 고기를 잡아 맛있게 먹는다.

3. '공부 중 카드Ⅱ'를 작성해 봅시다.

스스로 공부하는 꿈틀~ 꿈틀~ 꿈틀이 학습카드 Ⅱ	
과정	내용기록
자유롭게 쓰며 기억하기	〈기억 낙서장〉 옛날에는 산성, 물레방아, 이동수단, 땔감으로 자연을 이용하였다. 오늘날에는 공원, 아파트, 고기잡이 등으로 자연을 이용하고 있다. 옛날과 오늘날에는 자연을 이용하는 모습이 다르다.
확인 및 더 공부하기	문제집을 풀어 본다. 인터넷을 이용하여 더 알고 싶은 내용인 오늘날의 자연 이용모습을 검색해 본다.
도움 요청하기	부모님에게 옛날에는 자연을 어떻게 이용했는지 물어본다.

4. '공부 후 카드'를 작성해 봅시다.

스스로 공부하는 팔랑~ 팔랑~ 팔랑 나비 학습카드		
과정	내용	확인
나의 공부 결과는?	공부 과목을 기록했는가?	V
	공부 내용을 기록했는가?	V
	시간 계획을 세웠는가?	V
	환경 만들기를 했는가?	V
	도움 되는 내용을 찾았는가?	V
	공부한 내용 쓰기를 했는가?	V
	중요 내용 표시하기를 했는가?	V
	자유롭게 쓰며 기억하기를 했는가?	V
	확인 및 더 공부하기를 했는가?	V
	도움 요청하기를 했는가?	V
평가하기 〈색칠하기〉	8~10개: 상 주기 / 0~7개: 다음에 상 주기	

나에게 상 주기

◎ 자신이 좋아하는 것을 써 봅시다.

좋아하는 것
• 컴퓨터 게임하기 • 축구하기 • 맛있는 음식 먹기 • 친구와 보드게임하기 • 발야구하기 • 자유 시간

◎ 자기조절학습 후 자신에게 주고 싶은 상을 써 봅시다.

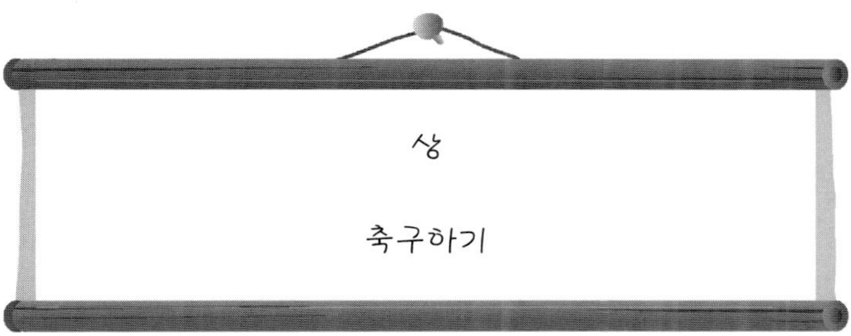

Tip

자기조절학습 노트 카드의 '공부 후 카드'의 결과에 따라 자신에게 상을 주는 활동이다. 그러나 학습장애학생이 일정 수준에 도달하지 못해 스스로에게 상을 줄 수 없을 경우, 교사는 학습장애학생이 전략을 활용함에 어려워하는 부분 또는 잘못하는 부분을 파악하여 학습장애학생을 보충지도하도록 한다. 학습장애학생들을 항상 격려하고 칭찬하여 전략을 사용함으로써 강화되고 동기화 될 수 있도록 지도한다.

자기조절학습 약속

◎ '자기조절학습 노트 카드' 쓰기를 일정 기간 실천해 보고 스스로 평가한 결과를 색칠해 봅시다.

자기조절학습 약속!

(홍길동)은 1 월 1 일부터 1 월 5 일까지
'자기조절학습 노트 카드' 쓰는 것을 연습할 것을
선생님 앞에 약속합니다.

약속일: 1 월 1 일
약속자: 홍길동

자기평가 결과 색칠하기					
(공부 후 카드의 확인 ∨표시 개수 만큼) 색칠 하기	10	10	10	10	10
	9	9	9	9	9
	8	8	8	8	8
	7	7	7	7	7
	6	6	6	6	6
	5	5	5	5	5
	4	4	4	4	4
	3	3	3	3	3
	2	2	2	2	2
	1	1	1	1	1
	6개	7개	7개	8개	9개

Tip

교사는 학습장애학생이 자기조절학습을 일정기간 계속 연습할 수 있도록 격려하며, 학생과 함께 계획을 세워 보도록 한다. 그리고 계획한 것을 실천하면서 자기조절학습에 대한 자기평가 결과를 누가 기록하도록 한다. 학습장애학생이 어떤 전략을 학습하는 것은 매우 어렵고 힘든 일이다. 또한 한두 번의 연습으로 학습장애학생이 전략을 습득하기도 힘들다. 그러므로 교사는 학생이 일정 기간 계속 연습하여 전략을 실제로 사용할 수 있도록 격려하고 한편으로는 점검해야 한다.

2. 집중력 높이기

공부할 문제

첫째 시간

- 집중하기 전략의 단계를 말할 수 있습니다.
- 교사의 시범을 보고 집중하기 전략을 학습에 활용할 수 있습니다.

학습의 흐름

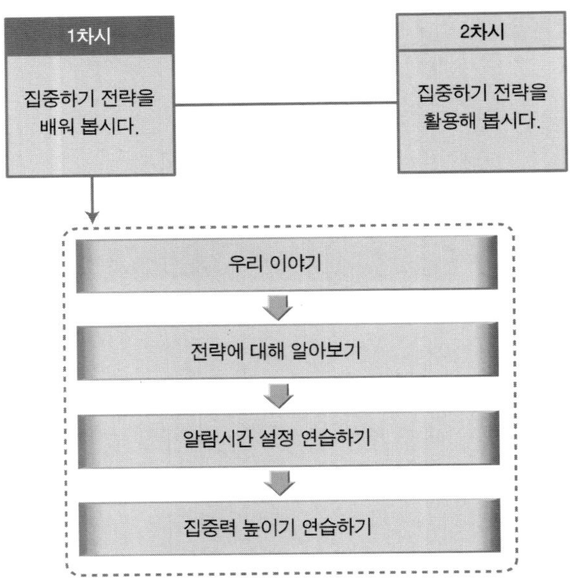

우리 이야기

다음 이야기를 읽어 봅시다.

우현이는 점심시간에 친구들과 축구하는 것을 무척 좋아합니다. 우현이는 축구를 너무 좋아해서인지 점심시간 이후 수업 시간에 축구 생각이 떠올랐고, 자기도 모르게 자꾸만 축구 그림을 책에 그립니다.

어느 날 선생님께서는 점심시간에 축구를 못하게 했습니다.

우현이는 선생님께 가서 축구를 하고 싶다고 말했습니다. 선생님께서는 우현이가 수업에 집중하면 축구를 하겠다고 약속하셨습니다. 우현이는 수업 시간에 집중하려 하나 잘 되지 않아 선생님께 도움을 요청했습니다. 선생님께서는 다음과 같이 말씀하셨습니다.

"휴대폰의 알람기능을 이용해서 5분 간격으로 알람이 진동으로 울리게 하는 거야. 그리고 알람이 울릴 때 마다 너 자신한테 '나는 지금 집중을 하고 있는가?' 라고 묻고 다시 수업에 집중하는 전략을 사용해 보면 어떨까?"

우현이는 선생님께서 알려 주신 방법을 실천해 보았고 수업에 집중할 수 있었습니다.

아래의 문제를 풀어 봅시다.

1. 주인공은 수업 중 어떤 생각이 떠올랐고 무엇이 하고 싶었나요?

⇨ 축구 생각이 나고 축구 그림을 그리고 싶었습니다.

2. 주인공처럼 수업 중 그런 행동을 한 경험이 있나요?

   ⇨ 저도 수업 시간 중 어젯밤에 본 만화 생각을 한 적이 있습니다.

3. 선생님께서는 수업에 집중하기 위해 어떤 방법을 사용하라고 하셨나요?

   ⇨ 휴대폰의 알람이 울릴 때 '나는 지금 집중을 하고 있는가?'라고 자신에게 묻고 다시 수업에 집중하는 방법을 사용하라고 하셨습니다.

Tip

교사는 읽기 자료를 학습장애아동에게 한 번 소리 내어 읽어 준다. 그리고 학생에게 읽기 자료를 큰 소리로 읽어 보게 한다. 읽기 자료 속에는 학습 집중하기 방법이 들어가 있으므로 그 구성요소를 강조하여 읽도록 한다.

전략에 대해 알아보기

전략의 단계와 내용을 살펴봅시다.

단계	단계 내용
1 단계	공부 시간을 정하고 공부 중 학생에게 시간적 단서를 줄 수 있는 알람시계 기능이 있는 휴대폰을 준비한다.
2 단계	휴대폰에 5분 간격으로 알람을 한다(예: 10시 5분, 10시 10분, 10시 15분……).
3 단계	학습을 시작하고 알람이 울리면 자신에게 '나는 지금 집중을 하고 있는가?'라는 질문을 한다.
4 단계	질문에 대한 답에 빨리 ∨표시 하고 다시 수업에 집중한다.
5 단계	학습 후 자신의 ∨표를 확인한다.

나의 공부 시간은 (9시 30분~10시 10분)입니다.		
나는 지금 집중을 하고 있는가?		
알람시간	예	아니요
9시 35분	∨	
9시 40분	∨	
9시 45분		∨
9시 50분	∨	
9시 55분		∨
10시 00분	∨	
10시 5분	∨	
10시 10분		∨
합계	5	3

Tip

학습장애학생에게 전략의 전체적인 내용을 훑어보게 한 후 설명을 한다. 교사는 전략의 각 단계 내용에 대한 설명을 명시적으로 하여 학생들이 각 단계의 내용을 이해하고 더 나아가 전략 사용방법을 숙지하도록 한다. 여기서는 휴대폰의 알람기능을 시간적 단서를 주는 도구로 사용하였으나 학생의 여건과 교실의 환경을 고려하여 시간적 단서를 주는 플래시 프로그램, 초시계 등과 같은 도구를 사용할 수도 있다.

알람시간 설정 연습하기

'알람시간 설정'을 연습해 봅시다.

'알람시간 설정' 연습 활동!								
나의 공부 시간은 (9시 10분 ~ 9시 50분)입니다.								
회수	시간 간격	학습 시작 시각	알람시간					
1회	5분	9시 10분	9시 15분	9시 20분	9시 25분	9시 30분	9시 35분
			9시 40분	9시 45분	9시 50분	시 분	시 분
2회	10분	9시 10분	9시 20분	9시 30분	9시 40분	9시 50분	시 분
3회	15분	9시 10분	9시 25분	9시 40분	시 분	시 분	시 분

Tip

학생의 현재 활동을 점검하기 위한 자극으로 시간적 단서가 주어진다. 학생은 이 자극을 받고 자신의 집중 상태를 점검한다. 학생은 알람시간 설정하는 것을 충분히 연습하여 혼자 알람시간 설정을 할 수 있어야 한다. 교사는 학생 스스로 알람시간을 설정하도록 연습시키고 학생이 잘하지 못할 때 또는 도움을 필요로 할 때 적절한 조언을 하도록 한다.

집중력 높이기 연습하기

ⓒ '집중력 높이기'연습 활동을 해 봅시다.

'집중력 높이기' 연습 활동		
나의 공부 시간은 (9시 20분 ~ 9시 35분)입니다.		
'나는 지금 집중을 하고 있는가?'		
나의 집중 목표는 (2)번입니다.		
알람시간	예	아니요
9시 25분	V	
9시 30분	V	
9시 35분		V
합계	2	1
목표 달성도 평가하기! (해당란에 색칠하기)	목표 달성	목표 달성 실패

Tip

이 활동은 학생이 직접 시간적 단서를 설정한 후, 학습 중 전략을 수행하는 단계다. 여기서 활동의 주체는 학생이 되고 교사는 학생의 활동을 관찰한 후 적절한 조언을 하도록 한다. 목표 달성도 평가하기는 자기 자신이 처음에 설정한 목표에 비추어 평가를 한다. 목표 달성을 했으면 '목표 달성'에, 목표 달성에 실패했으면 '목표 달성 실패'에 색칠을 하도록 한다.

공부할 문제

둘째 시간

- 집중하기 전략을 학습에 활용할 수 있습니다.

학습의 흐름

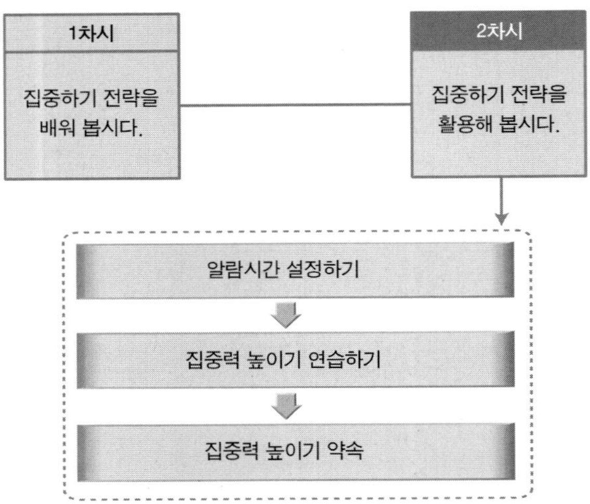

집중력 높이기 연습하기

'집중력 높이기' 연습 활동을 해 봅시다.

'집중력 높이기' 연습 활동		
나의 공부 시간은 (6시 ( )분 ~ 7시 ( )분)입니다.		
'나는 지금 집중을 하고 있는가?'		
나의 집중 목표는 (5)번입니다.		
알람시간	예	아니요
6시 10분	V	
6시 20분		V
6시 30분	V	
6시 40분	V	
6시 50분		V
7시 00분	V	
시 분		
시 분		
합계	4	2
집중목표 달성도 평가하기! (해당란에 색칠하기)	목표 달성	목표 달성 실패

Tip

학습장애학생은 혼자서 이 활동을 수행하고, 교사는 학생의 수행을 관찰한 후 학생이 잘하지 못하는 부분 또는 어려워하는 부분에 대한 조언을 하도록 한다. 학습장애학생이 혼자서 이 활동을 수행할 수 없다면 이전 차시 내용을 반복하여 연습한 후에 다시 이번 차시를 하도록 한다.

집중력 높이기 약속

집중력 높이기 약속을 하고 일정 기간 실천해 봅시다.

집중력 높이기 약속!

(홍길동)은 1 월 1 일부터 1 월 5 일까지
'집중력 높이기!' 활동을
연습할 것을 선생님 앞에 약속합니다.

약속일: 1 월 1 일
약속자: 홍길동

자기평가 결과 색칠하기					
월 일	1월 1일	1월 2일	1월 3일	1월 4일	1월 5일
오늘 목표	2	3	3	4	5
목표 달성					
목표 달성 실패					
다음번 목표	3	3	4	5	6

Tip

교사는 학습장애학생이 '집중력 높이기' 활동을 일정기간 계속 연습할 수 있도록 격려하며, 학생과 함께 계획을 세워 보도록 한다. 학습장애학생이 어떤 전략을 학습하는 것은 매우 어렵고 힘든 일이다. 또한 한두 번의 연습으로 학습장애학생이 전략을 습득하기도 힘들다. 그러므로 교사는 학생이 일정 기간 계속 연습하여 전략을 실제로 사용할 수 있도록 격려하고 한편으로는 점검해야 한다.

3. 시간 다스리기

공부할 문제

첫째 시간

- 시간관리를 할 때 내 문제점이 무엇인지 알 수 있습니다.
- 시간관리가 중요함을 인식하고 중요한 이유를 말할 수 있습니다.

학습의 흐름

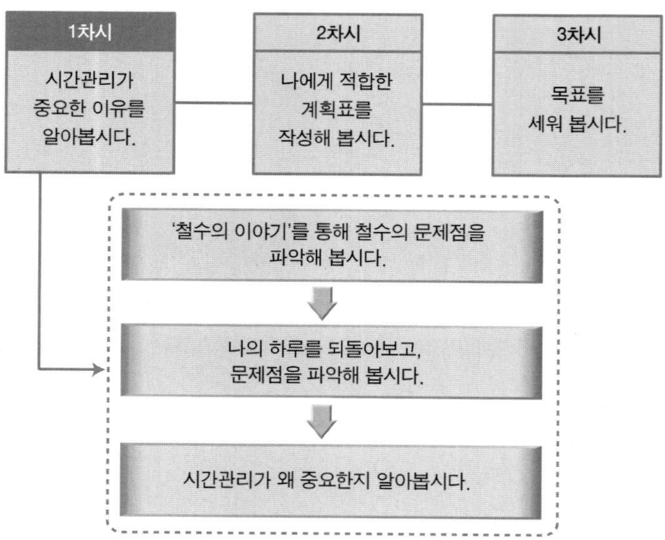

24시간으로 부족해!!!

‘철수의 하루’를 읽고 생각해 봅시다.

학교를 마치고 집에 돌아온 철수. 집에 돌아오자마자 텔레비전과 컴퓨터를 켠다. 엄마가 숙제부터 해놓으라고 하셨지만 엄마가 집에 돌아오시려면 아직 한참 시간이 남았다. 컴퓨터에 앉아 온라인 게임을 하는 철수. ‘조금만 하고 숙제해야지.’ 생각하지만 게임을 하다 보니 학원 갈 시간이다. 학원에 다녀오니 아직 엄마가 집에 돌아오지 않으셨다. 숙제를 하려고 책상 앞에 앉았다. 생각했던 것보다 해야 할 숙제가 많다. 엄마가 오실 때까지 숙제를 다 하지 못한 철수. 엄마에게 혼나고……. 한참 엄마에게 혼나고 숙제를 하려고 책상에 앉았다. 숙제를 하는데, 갑자기 내일 준비물이 생각난 철수. 엄마에게 말해 준비물을 챙기고. 숙제를 하려는데 저녁 식사 시간이 되었다. 밥을 먹고 다시 숙제를 하러 책상 앞에 앉은 철수. 밥 먹고 나서인지 졸리고 거실에서는 텔레비전 소리가 들려 집중이 되지 않는다. ‘조금만 놀고 숙제 해야지.’라고 생각하고 거실로 나와 텔레비전을 한참 보니 밤 10시가 되었다. 별로 한 것도 없는 것 같은데 피곤하고 졸리다. 결국 숙제를 다 하지도 못하고 잠자리에 든 철수. 다음 날 학교에서 숙제해 오지 않았다고 선생님께 혼났다. ‘아!! 숙제할 시간이 너무 부족해!!’라고 철수는 생각했다.

Tip
철수의 모습을 통해 학생이 자신의 문제점을 파악할 수 있도록 돕는다.

◎ '아!! 숙제할 시간이 너무 부족해!!'라고 말한 철수에게 뭐라고 말해 주고 싶나요?

⇨ 그러니까 아까 텔레비전 보지 말고 숙제해야지!!

◎ 철수의 모습이 나와 닮았는지 생각해 봅시다. 닮았다면 어떤 모습이 비슷한가요?

⇨ 집에 오자마자 컴퓨터 앞에 앉는 것!

◎ 숙제를 하지 않고 컴퓨터 게임을 하고 텔레비전을 볼 때 철수의 마음이 어땠을지 생각해 봅시다.

⇨ 재미있지만 엄마한테 혼날까 봐 걱정했을 것이다.

◎ 철수는 왜 숙제를 하지 못했을까요? 다음 내용을 보고 자신의 생각과 같은 곳에 ○표 합니다. 제시된 내용 외에 다른 이유가 있다고 생각하면 이유를 적어 봅시다.

일련번호	이유	자신의 생각과 같으면 ○, 그렇지 않으면 ×
1	숙제할 시간이 없어서	×
2	숙제를 계속 미뤄서	○
3	다른 일을 먼저 해서	○
4	숙제가 너무 많아서	×
5	숙제하기 싫어서	○
6	컴퓨터를 너무 많이 해서	○
7	주의가 산만해서	○

◎ 철수가 숙제를 제때 하려면 어떻게 해야 할지 생각해 봅시다.

⇨ 집에 오자마자 숙제를 먼저하고 놀았어야 했다.

나의 하루는?

◎ 어제 내가 어떻게 시간을 보냈는지 생각하 봅시다.

Tip

학생이 자신의 하루 일과를 되돌아보며 자신의 문제점을 파악해 보도록 돕는다. 이 활동을 통해 학생이 시간관리의 중요성을 느낄 수 있도록 돕는다.

〈학교에서 집에 돌아온 이후부터 적어보기〉

시간(○시~ ○시)	하는 일
(3)시 ~ (5)시	컴퓨터 게임
(5)시 ~ (6)시	수학 학원
(6)시 ~ (7)시	저녁 식사
(7)시 ~ (8)시	동생이랑 놀기
(9)시 ~ (10)시	숙제하기
(10)시 ~ (11)시	컴퓨터 게임

◎ 어제 내가 해야 했던 일과 하고 싶었던 일을 적어 봅시다.

해야 했던 일	했으면 ○, 하지 않았으면 ×	하고 싶었던 일	했으면 ○, 하지 않았으면 ×
학교 숙제	×	컴퓨터 게임	○
학원 숙제	○	텔레비전 보기	○
방 청소	×	축구하기	×

앞의 목록 중에 하지 못한 게 있다면, 그 이유는 무엇입니까? 다음 내용을 보고 자신의 생각과 같으면 ○표 합니다. 제시된 내용 외에 다른 이유가 있다고 생각하면 이유를 적어 봅시다.

일련번호	이유	자신의 생각과 같으면 ○, 그렇지 않으면 ×
1	한꺼번에 너무 많은 일을 하려고 해서	×
2	할 일을 계속 미뤄서	○
3	계획을 세우지 않아서	○
4	친구들이나 가족들이랑 대화하는 시간이 너무 많아서	×
5	텔레비전 시청, 컴퓨터 사용 시간이 길어서	○
6	컴퓨터를 너무 많이 해서	○
7	주의가 산만해서	○

Tip

학생이 적는 내용과 관련된 이야기를 들어 본다. 얘기를 들으면서 학생이 일을 하지 못하는 것이 1) 시간을 불필요한 일에 쓰기 때문인지, 2) 자신의 능력으로 어느 정도 할 수 있을지를 몰라서 하루에 너무 많은 일을 계획했기 때문인지, 3) 우선순위를 세우지 않고 바로 닥친 일을 그때그때 처리했기 때문인지 등을 파악한다.

시간관리란?

내가 해야 할 일과 하고 싶은 일을 효율적으로 할 수 있도록 시간을 계획하고 실천하며, 평가하고 조정하는 것[2]

◎ 다음 글은 자신이 원하는 일을 하기 위해 시간을 효율적으로 사용하는 것이 중요하다는 이야기입니다.[3] 다음 글을 읽고 시간관리의 중요성에 대해 생각해 봅시다.

대학생이면서 회사의 대표인 A의 이야기

A는 한 회사 사장이면서 대학의 학생이기도 하다. 그는 바쁜 와중에도 전국의 초·중·고교에서 강연활동을 펼치고 있다. 그에게 한정된 시간에 그렇게 많은 일들을 할 수 있는 비결에 대해 물었더니 다음과 같이 대답했다.

"저는 이동시간을 단축하려고 노력합니다. 국내출장뿐만 아니라 해외출장도 가능한 한 당일치기나 1박 2일에 해결하려고 합니다. 그리고 이동시간을 흘려버리지 않기 위해서 고속철이나 비행기에서도 인터넷을 사용할 수 있는 환경을 선택합니다."

"시간을 효율적으로 사용하는 데 가장 중요한 것은 자신이 가장 효율적으로 시간을 사용하고 있다는 확신을 갖는 것입니다. 그리고 가장 효율적인 방법이 무엇인지에 대해 늘 생각해야 합니다."

---

2) 최정원, 이영호(2006). 학습치료 프로그램 시리즈 ⑨ 효과적인 시간·공간 관리 전략 및 학업 스트레스 관리 전략. 서울: 학지사.

3) 나카이 다카요시(2007). 유쾌한 시간관리 노트. 서울: 고수.

Tip

제시한 사례를 시간을 효율적으로 사용하는 것에 대한 중요성을 강조한 것이다. 이 글을 학생과 함께 읽고 자신이 원하는 일을 하기 위해서는 시간을 효율적으로 사용해야 한다는 식으로 내용을 정리한다. 다음에 이어지는 시간관리의 중요성을 생각해 보는 활동에 사례를 활용한다. 예를 들어, 시간관리를 잘하면 어린 나이에 회사의 사장도 될 수 있다. 즉, 자신이 원하는 일을 빨리 할 수 있다 등이 있다.

시간관리를 잘하면 어떤 점이 좋을지 생각해 봅시다.

일련번호	좋은 점	자신의 생각과 같으면 ○, 그렇지 않으면 ×
1	시간을 낭비하지 않고 해야 할 일을 할 수 있다.	○
2	서두르지 않아도 되고, 스트레스도 줄어든다.	○
3	목표의식과 자신감이 생긴다.	
4	자신이 수행한 일에 만족감이 커진다.	
5	스스로 통제감이 생기므로 불안하지 않다.	
6	떳떳하게 놀 수 있다.	○
7	부모님이랑 선생님한테 덜 혼날 것 같다.	○

Tip

시간관리를 잘하고 싶은 마음과 잘하고 싶은데 잘 되지 않아 속상한 마음, 하기 귀찮은 마음을 함께 알아준다.

선생님의 경험담을 얘기해 주는 것도 좋다. 선생님도 시간관리에 대한 부담감을 가지고 있고, 하기 싫을 때도 있지만 즐기면서 시간관리를 할 때 좋았던 경험들을 얘기해 준다면 학생들의 동기 유발에 도움이 될 것이다.

왜 나는 시간관리가 잘 안 되는지 생각해 봅시다.

번호	시간관리가 잘 안 되는 이유	자신의 생각과 같으면 ○, 아니면 ×
1	할 일이 너무 많아서	
2	시간이 부족해서	
3	급작스럽게 해야 할 일이 생겨서	
4	생활 습관이 좋지 않아서 (집에 가자마자 컴퓨터를 켠다 등)	○
5	지금 해야 할 일을 미룬다.	○
6	기분이 나쁘면 해야 할 일을 하지 않는다.	○
7	한꺼번에 너무 많은 일을 하려고 한다.	
8	무엇부터 해야 할지 잘 모르겠다.	○

이렇게 하면 시간관리를 잘할 수 있어요.4)

- 장기/단기 목표 세우기
- 기록하는 습관 지니기
- 주간 계획표와 일일 계획표 작성
- 미루지 않기, 꾸물대지 않기
- 학교에서 한 시간 공부한 과목에 대해서는 2~3시간 학습 계획하기
- 학습 시간을 여러 번 나눠서 자투리 시간 활용

> **Tip**
> 제시된 것들 중에 학생이 선호하는 것을 반복해서 읽어 보도록 하고 그 이유를 물어본다.

4) 김동일(2005). 학업상담을 위한 학습전략 프로그램. 서울: 학지사.
최정원, 이영호(2006). 학습치료 프로그램 시리즈 ⑨ 효과적인 시간・공간 관리 전략 및 학업 스트레스 관리 전략. 서울: 학지사.

• 해야 할 일이 너무 많다고 느껴지면 과감하게 줄이기

시간관리를 위한 전략을 세워 봅시다.

1) 우선순위 세우기
2) 시간표 만들기
3) 적절한 목표 설정하기

Tip

여기에 제시된 내용은 2차시와 3차시에서 배울 내용들에 대한 안내 역할을 한다. 제시된 전략들을 학생들에게 간략하게 안내해 준다. 그리고 학생들이 이외의 전략들을 생각하고 얘기해 보도록 돕는다.

공부할 문제

둘째 시간

- 무엇을 먼저 해야 하는지 우선순위를 결정할 수 있습니다.
- 우선순위에 따라 일일계획표를 작성할 수 있습니다.

학습의 흐름

1차시	2차시	3차시
시간관리가 중요한 이유를 알아봅시다.	나에게 적합한 계획표를 작성해 봅시다.	목표를 세워 봅시다.

2차시:

1. 내가 할 일들 중 무엇을 먼저 할 것인지 결정해 봅시다.
2. 일일계획표를 작성해 봅시다.

Tip

우선순위를 결정한다는 것이 무엇인지에 대해 간략하게 설명해 준다. 자신이 해야 할 일들 중 어떤 일을 먼저 해야 할지를 결정하는 것이 우선순위를 세우는 것이다. 다음에 제시된 내용들은 학생이 우선순위를 결정하는 것을 경험해 보도록 안내해 준다.

무엇을 먼저 해야 할까?

오늘 하루 내가 해야 할 일과 하고 싶은 일을 적어 봅시다.

해야 할 일	하고 싶은 일
숙제하기	축구하기
청소하기	게임하기
학원 가기	

Tip

우선순위를 결정하는 것은 어떤 활동에 시간을 더 많이 활용해야 할지 선택하는 데 영향을 주기 때문에 시간을 계획할 때 선행되어야 할 활동이다. 하지만 만약 학생이 우선순위를 세우는 것을 어려워한다면 모두 완성하게 할 필요는 없다. 실제로 우선순위를 결정하지 못한다고 하더라도 무슨 일을 할 때 우선순위를 정하면 자신이 원하는 것을 쉽고 빠르게 할 수 있음을 인식하기만 한다면 어느 정도 목표를 달성한 것이다.

위 목록 중 먼저 해야 할 순서대로 적어 봅시다.

1) 숙제하기

2) 축구하기

3) 학원 가기

4) 게임하기

5) 청소하기

6)

7)

◎ 먼저 해야 할 일이라고 생각하는 기준은 두엇인지 생각해 봅시다.

⇨ 오늘 꼭 해야 하는 것

Tip
학생이 앞에 기입한 내용을 보고 교사가 어떤 기준으로 우선순위를 정했는지 물어 봄으로써 학생의 사고를 촉진한다.

◎ 다음 순서대로 하면 우선순위를 잘 세울 수 있습니다.[5)]

Tip
교사가 먼저 읽고, 학생이 따라 읽게 한다. 여러 번 함께 읽고 학생이 혼자 읽게 한다. 학생이 지침들에 익숙해지도록 반복적으로 읽고 기억하게 한다.

1) 중요하면서도 먼저 해야 할 일
2) 중요하지만 나중에 해야 할 일
3) 중요하지 않지만 빨리 해야 할 일
4) 중요하지도 않고 천천히 해도 될 일

Tip
학생들에게 중요한 일을 선택하는 기준과 먼저 할지 나중에 할지를 선택하는 기준을 설명해 준다. 중요한 일은 나의 목표와 관련된 것이고, 먼저 해야 하는지 나중에 해도 되는지를 결정하는 것은 시간과 관련되어 있다. 스스로에게 '지금 내가 이 일을 하지 않으면 문제가 될까?'를 물었을 때, 심각한 문제가 발생한다면 그것은 중요한 일이다. 학생은 공부하는 것이 본분이므로 공부와 관련되는 것, 숙제, 예습/복습, 준비물 챙기기, 학원 가기 등이 중요한 일이 된다. 어떤 일이 중요한지 아닌지는 학생의 본분과 관련되는지 아닌지로 파악하게 하고, 먼저 할지 나중에 할지는 지금 당장 하지 않으면 안 되는 것이 무엇인지를 생각하게 한다.

5) 스티븐 코비(2003). 성공하는 사람들의 7가지 습관. 서울: 김영사.

오늘 할 일 목록의 우선순위를 지침에 따라 다시 작성합니다.

1) 학원 가기
2) 숙제하기
3) 청소하기
4) 축구하기
5) 게임하기
6)
7)

Tip

학생이 스스로 하게 하고 교사는 지켜보다가 학생이 다 작성한 이후에 지침을 따라 작성했는지를 하나하나 대조해 보면서 점검해 준다.

나의 새로운 하루

계획표는 이렇게 만들자!!

1) 정해져 있는 시간을 먼저 적어라(수업시간, 학원 가는 시간, 등하교 시간, 잠자는 시간 등)
2) 숙제하는 시간 정하기
3) 준비물 챙기는 시간 정하기(준비물은 잠자기 전에 챙기는 것이 좋음)
4) 우선순위로 설정한 일을 할 시간 정하기
5) 식사시간과 휴식시간 정하기(휴식시간은 하루에 1~2시간 정도가 적당함)
6) 인터넷 하는 시간과 텔레비전 보는 시간 정하기(숙제하는 시간 고려해서)

Tip

지침은 교사가 먼저 읽고, 학생이 따라 읽게 한다. 여러 번 함께 하고 나중에는 학생이 혼자 읽게 한다. 학생이 이 지침들에 익숙해지도록 반복적으로 읽고 기억하게 한다.

※ 위 지침을 모두 따르는 게 좋지만 처음에는 가능한 것부터 시작합시다!!!

◎ 다음은 철수의 하루 일과입니다. 글을 읽고 생각해 봅시다.

철수는 7시에 일어나 8시까지 학교에 가고 3시에 집에 돌아온다. 학원은 5시부터 6시 반까지다. 철수네 집은 7시에 저녁을 먹는다. 철수는 보통 밤 10시 반에 잠자리에 든다.

Tip

위에 제시된 지침들을 따라 학생이 계획표를 만들게 돕는다. 먼저 철수의 사례를 활용하여 계획표 만드는 연습을 하도록 하고 계획표 만드는 지침에 익숙해지도록 돕는다. 그 다음 자신의 계획표를 만들게 돕는다.

◎ 위 글을 읽고 철수의 일일계획표는 어떻게 만들어야 할지 생각해 봅시다. 계획표에 철수의 하루 일과를 적어 봅시다.

Tip

처음에는 교사가 철수의 사례를 이용하여 계획표를 만드는 시범을 보여 준다. 이때 지침의 순서에 따라 정해진 시간부터 표시한다. 학생과 함께 다시 철수의 계획표를 만들고, 마지막으로 학생이 혼자 철수의 계획표를 만들게 한다.

시간 ( )시~( )시	하는 일	했으면 ○, 하지 않았으면 ×
7:00	기상 & 등교	
8:00 9:00 10:00 11:00	오전 수업 듣기	
12:00	점심 식사	
1:00 2:00	오후 수업 듣기	
3:00	숙제하기	
4:00	축구하기	
5:00 6:00	학원 가기	
7:00	저녁 식사 & 가족들과 대화하기	
8:00	청소하기	
9:00	게임하기	
10:00	준비물 챙기기	
11:00 12:00	취침	

이제 나의 일일계획표를 어떻게 만들어야 할지 생각해 봅시다. 계획표에 나의 하루 일과를 적어봅시다.

Tip

계획표를 만들 때, 학생에게 한 번에 공부에 집중할 수 있는 시간이 어느 정도인지 먼저 물어본다. 어느 시간대에 공부를 가장 잘할 수 있는지도 물어봐서 공부 시간을 계획할 때 참고하도록 한다. 처음부터 무리하게 계획을 세우지 않고 현재 계획표를 개선하는 방식으로 계획을 세우고, 단계적으로 향상시키도록 한다.

시간 ( )시~( )시	하는 일	했으면 ○, 하지 않았으면 ✓
7:00		
	기상 & 등교	
8:00		
9:00		
10:00	오전 수업 듣기	
11:00		
12:00		
	점심 식사	
1:00		
2:00	오후 수업 듣기	
3:00		
	숙제하기	
4:00		
	축구하기	
5:00		
6:00	학원 가기	
7:00		
	저녁 식사 & 가족들과 대화하기	
8:00		
	청소하기	
9:00		
	게임하기	
10:00		
	준비물 챙기기	
11:00		
	취침	
12:00		

◎ 내가 세운 계획을 살펴봅시다. 어떤 부분이 마음에 드는지, 고쳐야 할 부분이 있는지 생각해 봅시다. 고쳐야 할 부분이 있다면 고쳐 봅시다.

마음에 드는 점	고쳐야 할 점
공부 시간이 적절하다.	자는 시간이 너무 늦다.

Tip

처음에는 학생에게 가장 문제가 되는 부분(예: 게임을 너무 많이 함, 숙제를 미뤄서 하지 못함, 잠을 너무 늦게 잠 등)에 초점을 두고 지도한다. 처음부터 과도하게 목표를 세우지 않고 학생이 할 수 있는 수준으로 조절해 준다.

◎ 이제 세운 계획을 잘 실천해 봅시다. 내가 계획을 잘 실천한다면 나에게 어떤 선물을 주고 싶은지 생각해 봅시다.

1) 엄마에게 내가 좋아하는 음식을 해 달라고 요청한다.
2) 나에게 칭찬의 말을 해 달라고 선생님이나 부모님에게 요청한다.

Tip

학생이 가장 좋아하는 일이 무엇인지 파악하여, 계획을 잘 지킨 날이면 그날 저녁에 자신이 가장 좋아하는 일을 하도록 해 주거나 스스로 칭찬하는 말을 해주도록 한다.

◎ 효과적으로 시간관리를 하려면 어떻게 해야 할지 생각해 봅시다.

1) 미루지 않는다.
2) 꾸물대지 않는다.
3) 해야 할 일을 기록한다.
4) 계획한 대로 잘 실천하면 스스로를 칭찬한다.

Tip

이 중 학생에게 가장 필요하고 가장 잘 지킬 수 있는 지침 세 가지를 골라서 서약서에 기입하게 한다.

실천서약서

나 문소영은 다음 지침들을 잘 따라 내가 만든 계획표를 지킬 것을 약속합니다.

지침 1. 미루지 않는다.
지침 2. 해야 할 일을 기록한다.
지침 3. 계획한 대로 실천하면 스스로 칭찬한다.

서약자 문 소 영 (인)

Tip

서약서를 쓸 때는 학생이 서약서 내용을 큰 소리로 읽고 사인하게 한다. 학생이 거부하지 않는다면 여러 친구들 앞에서 읽게 할 수도 있다. 일종의 의식처럼 오른손을 들고 선서하는 듯 서약서 내용을 읽게 한다.

계획을 지키기 힘들 때 나 자신에게 해 줄 수 있는 격려의 말! 말!!

1) 난 오늘 나 자신과 한 약속을 지킬 거야.
2) 난 한 번 마음먹은 일을 할 수 있어.
3) 계획을 잘 지키면 오늘 저녁에 잘 때 뿌듯할 거야.

Tip

위에 기입할 내용은 계획을 실천하기 힘들 때, 학생이 스스로에게 격려하는 말이다. 따라서 자기 자신에 대한 신뢰와 관련된 내용을 기입하게 한다.

아침에 거울을 보면서 스스로에게 말하고,

계획을 실천하기 싫을 때나 어려울 때마다 얘기해 주어라.

Tip

처음에는 아침마다 일어나서 거울을 보고 스스로에게 말하게 한다. 이후에 익숙해지면 계획을 지키기 힘들어질 때 스스로에게 말하도록 한다.

공부할 문제

셋째 시간

- 내가 원하는 미래의 내 모습을 구체적으로 말할 수 있습니다.
- 목표를 세울 수 있습니다.

학습의 흐름

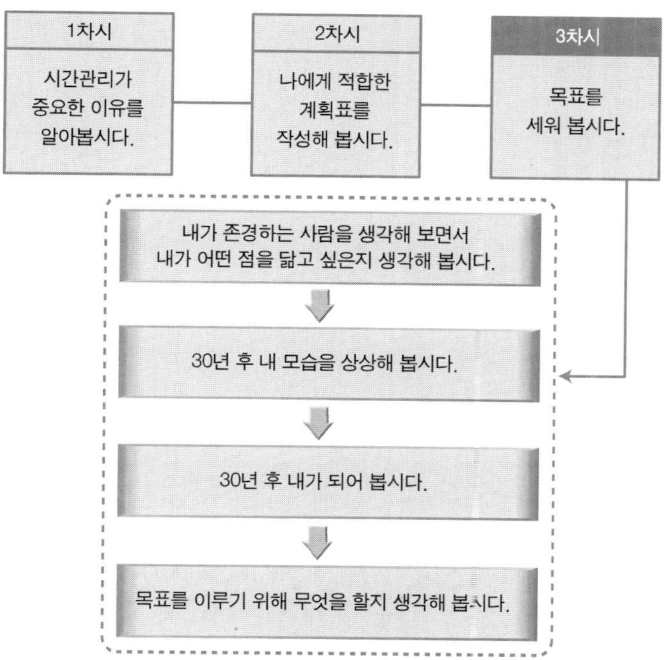

내가 존경하는 사람은 내 나이 때 어땠을까?

Tip
자신이 존경하는 사람을 모델로 설정하게 되면 목표를 설정하기가 쉽다. 따라서 학생이 존경하는 사람에 대해 얘기할 때 되도록 구체적으로 말할 수 있게 돕는다.

- 내가 닮고 싶은 사람은 누구인가요?

⇨ 축구선수 박지성

- 그 사람의 어떤 점이 닮고 싶은가요?

⇨ 축구를 잘한다.

- 그 사람이 지금의 그 모습을 갖기 위해 내 나이 때 어땠을까요? 무엇을 했을까요?

⇨ 학교 축구부에서 주장을 했을 것이다.

- 어떤 생각을 했을까요?

⇨ 국가 대표가 되고 싶다고 생각했을 것이다.

- 어떤 친구들과 어울렸을까요?

⇨ 축구 선수들

- 어떤 어려움을 겪었을까요?

⇨ 훈련도 힘들고 기합도 많이 받아서 축구를 그만두고 싶었을 것이다.

어려움을 어떻게 극복했을까요?

⇨ 친구들과 부모님의 격려로 극복했을 것이다.

그 사람과 나는 어떤 면에서 비슷한가요?

⇨ 건강하고 축구를 좋아한다.

Tip

학생이 모델로 설정한 사람의 장점 중 학생에게 있는 장점을 이끌어 내어 학생이 자신감을 갖도록 돕는다. 예로, 신체적으로 건강한 것, 긍정적인 생각, 친구들과 잘 어울리는 것, 학교가 재미없어도 꾸준히 학교에 나오는 책임감과 인내 등

'지금부터 목표를 세우고 노력하면 내가 닮고 싶은 사람보다 훨씬 멋진 삶을 살 수 있을 거야.'라고 스스로에게 얘기해 줍시다.

나의 목표는?

다음 글은 목표를 세우는 것의 중요성에 대한 이야기입니다.[6)]

목표의 위력은 상상할 수 없이 크다. 목표는 사람으로 하여금 그의 재능과 시간과 노력을 한곳에 집중하도록 한다. 아무리 능력이 많고 지혜가 뛰어난 사람이라도 목표를 설정하지 않으면 대부분의 힘을 분산시키게 된다.

미국의 아폴로 계획을 예로 들어보자. 1961년 케네디가 미국 대통령에 당선되었을 무렵 미국과 구 소련은 인공위성 개발 경쟁을 하고 있었다. 당시는 미국이 소련에 뒤지고 있는 상태였다. 케네디는 대통령 취임에 즈음하여 '1960년대 후반까지는 인류를 달에 도착시킨다.'는 목표를 세웠다. 이 목표가 절대적으로 가능성이나 전망이 있었던 것은 아니었다. 대부분의 미국 과학자들도 인류를 달에 보내는 것은 빨라야 1995년경에나 가능할 것이라고 여겼다. 그러나 무모하기는 했어도 이 목표를 설정하고 미국의 국력을 아폴로 계획에 쏟은 결과, 과학자들의 예상을 25년이나 앞당겨 1969년 7월 21일에 최초로 달에 인류를 착륙하게 할 수 있었다. 이처럼 목표가 위대하고 매력적이면 사람들은 의욕을 갖게 되고 자신의 재능을 최대로 발휘할 수 있다.

---

6) 유성은(2006). 시간관리와 자아실현. 서울: 중앙경제평론사.

30년 후 나는 무엇을 하고 있을까 상상해 봅시다.

- 30년 후의 자신의 모습을 상상해 봅시다. 그 때
  - 어디에서?: 자동차 회사 사무실에서
  - 누구와?: 동료들 6~7명 정도와
  - 무엇을?: 신형 자동차를 어떻게 디자인할 것인가에 대한 회의를
  - 어떻게?: 서로의 의견을 묻고, 잘 들으면서 신나고 즐겁게 하고 싶다.
- 자신은 이런 사람이 되고 싶다.
  - 외모는?: 키는 180, 몸무게는 70정도 되고 깔끔하고 캐주얼한 차림을 하고
  - 성격은?: 활발하고 사람들과 잘 어울리면서 리더십도 있었으면 좋겠다.
  - 지위는?: 팀장
  - 직업은?: 자동차 엔지니어

> **Tip**
> 학생이 장기 계획 세우기를 힘들어 하면, 일주일의 목표(지도안에 제시된 부가자료 참조)와 오늘 하루의 목표를 세우는 것으로 제한한다.

> **Tip**
> 시간관리 기술을 가르칠 때 목표를 설정하게 하면 지금 현재 자신에게 주어진 시간을 효율적으로 사용하는 동기가 된다. 자신의 모습에 대해 생각할 때, 구체적으로 30년 후 자신의 모습을 머릿속에 그릴 수 있도록 세밀한 부분까지 구체적으로 생각하고 말할 수 있게 한다. 또한 30년 후면 현재 학생의 부모님 나이이므로 자신이 부모님 나이가 되었을 때 어떤 모습이고 싶은지 물어보면 학생이 구체적인 모습을 그리는 데 도움이 될 것이다.

미래의 내가 지금 나에게 뭐라고 말할까?

Tip

학생이 장기 계획 세우기를 힘들어하면, 일주일의 목표(지도안에 제시된 부가 자료 참조)와 오늘 하루의 목표를 세우는 것으로 제한한다.

- 30년 후 자신이 원하는 모습을 머릿속에 그려 봅시다.

- 지금 내 머릿속에 그리고 있는 30년 후의 나를 생각하면 마음이 어떤가요?

  ⇨ 뿌듯하고 자랑스럽다.

- 30년 후의 내가 지금의 나에게 뭐라고 말할까요?

  ⇨ 지금보다 공부를 더 열심히 해야지!
  넌 잘할 수 있을 거야.

Tip

30년 후의 자신이 돼서 지금 자신을 바라봄으로써 자신을 돌아보게 되고 반성하게 되기도 하고, 희망을 갖기도 한다. 학생이 30년 후 모습을 긍정적으로 그릴 수 있도록 돕고 되도록 희망을 갖을 수 있도록 안내한다.

나의 목표를 이루기 위해 해야 할 일들

◎ 30년 후 내가 하고 싶은 일을 하기 위해 앞으로 내가 해야 할 일들이 무엇인지 생각해 봅시다.

30년 후에 내가 하고 싶은 일을 하기 위해서 내가 해야 할 것들	
시기	해야 할 일 & 하고 싶은 일
10년 후	대학을 졸업하고 자동차 회사에 취직
5년 후	실업계 고등학교에 입학해서 자동차에 대해 공부하기 대학 모집 요강을 보고 준비할 것들 알아보고 준비하기
1년 후	열심히 운동하기, 열심히 공부하기, 자전거 배우기
오늘	수업시간에 선생님 말씀 잘 듣고 친구들과 친하게 지내기, 숙제 잘하기

Tip

위 활동을 통해 30년 후 목표를 이루기 위한 구체적인 목표와 계획을 세울 수 있도록 돕는다.

◎ 내 목표를 이루기 위해서는 오늘 무슨 일부터 해야 할까요?

목표를 세우고 목표를 이루기 위해 노력하면서 살아갑시다!

30년 후에 멋진 자신의 모습을 꿈꾸세요.

4. 학습공간 관리하기

Tip

학생이 현재 공부하고 있는 곳의 모습을 점검함으로써 자신의 문제점을 인식하게 한다. 우선 학생이 주로 공부하는 곳을 그리게 한다. 공부방이 있는 경우에는 공부방을 그리게 하고, 없는 경우는 주로 공부하는 곳을 그리게 한다.

공부할 문제

첫째 시간

- 주의집중에 방해되는 환경이 무엇인지 알 수 있습니다.
- 적합한 공부 공간을 만드는 방법을 알 수 있습니다.

학습의 흐름

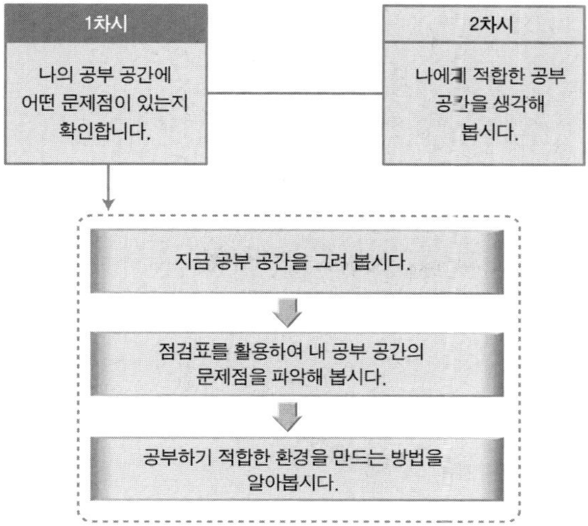

나의 공부 공간

◎ 내가 공부하는 장소(내 방, 거실, 안방, 주방 등)를 그려 봅시다. 공부에 필요한 물건(책, 참고서, 필기도구) 등 물건은 어디에 보관되어 있나요? 물건들이 잘 정리되어 있나요? 아니면 정리되지 않은 채로 있나요?

◎ 내가 그린 공부방을 보니 어떤 느낌이 드나요?

⇨ 친근하다. 정신없다.

◎ 내가 원하는 모습의 방이 되려면 어떻게 해야 좋을까요?

⇨ 방 청소를 해야 한다.
책상 위를 정리해야 한다.

난 이런 곳에서 공부해요

Tip

자신의 현 상태를 점검할 때는 우선 잘하고 있는 부분을 확인하여 만족감을 느끼게 한다. 그 다음에 문제점을 파악하게 한다.

아래 질문을 읽고 나의 공부 공간 모습을 잘 설명하고 있는 항목에 ○표를 하세요. '항상 그렇다'는 4점, '자주 그렇다'는 3점, '가끔 그렇다'는 2점, '거의 아니다'는 1점으로 채점하고 이를 합하여 총점을 구합니다.[7)]

집에서 내가 공부하는 곳은 어떤가요?	항상 그렇다	자주 그렇다	가끔 그렇다	거의 아니다
1. 주위가 잘 정리정돈되어 있다.			○	
2. 공부나 숙제하기 적당한 장소를 정해서 한다.			○	
3. 책상과 의자를 갖추고 공부한다.		○		
4. 책상의 높이는 나에게 적합하다.		○		
5. 의자에 앉으면 편안하다.		○		
6. 공부하는 곳의 조명은 밝다.		○		
7. 공부할 때 쓰고 난 물건은 제자리에 둔다.				○
8. 책상 주위에 쓸데없는 사진이나 그림을 붙이지 않는다.				○
9. 매일 같은 장소에서 숙제를 한다.				○
총점	19			

7) 이하선(2007). 「자기관리기술향상 집단상담 프로그램이 초등학교 학습부진아의 자기 주도적 학습능력 및 학습습관에 미치는 영향」. 한국교원대학교 대학원 석사학위논문.

Tip

점검표를 활용하여 자신의 현 상태를 파악하게 한다. 총점이 낮을수록 학생의 공부 공간이 적절하지 않게 조직되어 있음을 의미한다. 총점은 9~36점에서 나올 수 있다. 총점을 확인한 이후에는 각 문항의 점수를 확인하면서 학생의 공부 공간을 진단한다. 먼저, 지금 잘하고 있는 점에 대해서 칭찬해 주고 학생 스스로도 자부심을 느끼도록 도운 이후에 문제점을 파악한다. 다음에 제시되는 활동을 따라 각 문항을 확인하면 된다.

◎ '항상 그렇다'와 '자주 그렇다'고 응답한 내용은 내가 잘하고 있는 부분이다. 내가 잘하고 있는 점을 적어 봅시다.

나는 정말 잘하고 있어!!
1. 책상과 의자를 갖추고 공부한다.
2. 책상의 높이는 나에게 적합하다.
3. 의자에 앉으면 편하다.
4. 공부하는 곳의 조명은 밝다.

◎ '가끔 그렇다'라고 응답한 것은 어떤 내용이며, 이유는 무엇인가요?

'가끔 그렇다'라고 응답한 내용	이유
공부방 주위가 잘 정돈되어 있다.	대부분 어질러져 있다. 몰아서 청소를 하니까 가끔 정돈되어 있다.
공부나 숙제하기 적당한 장소를 찾아서 한다.	내 책상에서 하면 좋은데, 책상 위가 어질러져 있는 경우가 많아서 식탁이나 거실 바닥에서 한다.

◎ '거의 아니다'라고 응답한 것은 어떤 내용이며, 이유는 무엇인가요?

'거의 아니다'라고 응답한 내용	이유
공부할 때 쓰고 난 물건은 제자리에 둔다.	공부하고 나면 피곤해서 그냥 두고 쉰다.
책상 주위에 쓸데없는 사진이나 그림을 붙이지 않는다.	내가 좋아하는 연예인 사진을 붙이는 게 기분이 좋다.
매일 같은 장소에서 숙제를 한다.	책상이 어질러져 있어서 책상에서 하지 않고 식탁이나 바닥에서 한다.

이렇게 해 보세요

◎ 아래에 제시된 내용을 실천하면 좋은 공부 공간이 만들어질 거예요.

과제하기 적당한 장소 정하기	공부방 주위 정리정돈하기	편안한 책상과 의자 갖추기
물건을 제자리에 두기	쓸데없는 사진이나 그림 붙이지 않기	매일 같은 장소에서 하기
장소를 밝게 하기	공부하기 적절한 온도 맞추기	주변 소음 제거하기

Tip

텔레비전 소리나 다른 가족들의 대화소리가 공부를 방해할 수 있다. 방문이나 창문을 닫거나 조용하도록 요청하는 등의 방법을 학생과 함께 생각해 본다.

공부할 문제

둘째 시간

- 나에게 적합한 공부 공간을 생각해 봅니다.

학습의 흐름

1차시

나의 공부 공간에 어떤 문제점이 있는지 확인합니다.

2차시

나에게 적합한 공부 공간을 생각해 봅시다.

- 예시에서 공간 활용을 잘못한 부분을 찾아서 고쳐 봅시다.
- 내가 어떤 공부 환경을 좋아하는지 살펴봅시다.
- 공부하기 적합한 공간을 상상해서 그려 봅시다.

잘못된 부분을 찾아라!

아래 친구들을 보고 공간 활용을 잘한 점과 잘못한 점을 찾고 잘못된 부분을 어떻게 고치면 좋을지 생각해 봅시다.

사례 1

현정이는 과학 숙제를 하려고 책상에 앉았다. 숙제를 하다가 참고서가 필요해서 책장을 살펴봤는데, 참고서가 없다. 한참 참고서를 찾았지만 찾을 수가 없어서 과학 숙제는 나중에 하기로 하고 수학 숙제를 하려고 수학책을 폈다. 그런데 참고서를 찾는 게 힘들었는지 졸음이 몰려와서 숙제를 하기 힘들었다.

잘한 점	책상에 앉았다.
잘못한 점	참고서를 정리해 두지 않았다.
좋은 공부 공간으로 만드는 방법	참고서나 책을 원할 때 찾을 수 있도록 정리해 둔다.

사례 2

승주는 국어 숙제를 하려고 방에 갔다. 그런데 책상 위에 어지럽게 물건이 쌓여 있어서 식탁에서 숙제를 하기로 했다. 그런데 식탁이 어두침침해서 글씨가 흐릿하게 보여 눈이 아팠다. 게다가 거실에서 텔레비전 소리가 들려 공부에 집중이 잘 안되어 짜증이 났다.

잘한 점	책상이 어질러져 있어도 숙제를 하려고 한 점
잘못한 점	책상이 어질러져 있었음 선택한 장소의 조명이 어두웠음 소음이 잘 들리는 곳에서 숙제를 하려고 함
좋은 공부 공간으로 만드는 방법	책상을 정리한다. 책상에서 할 수 없으면 좀 더 조명이 밝은 곳에서 하기 텔레비전 소리를 줄여 달라고 요청

나에게 적합한 공간 만들기

아래 목록을 읽어 보고 내가 좋아하는 공부 환경에 ○표 합시다.[8)]

나는
1. 학교 가기 전 새벽 ( )
2. 집에 돌아오자마자 ( )
3. 저녁식사 이후에 ( )
4. 잠자리에 들기 전에 ( )

공부를 하면 잘된다.

나는
1. 주변이 조용할 때 ( )
2. 음악이나 라디오를 들을 때 ( )
3. 약간 웅성거리는 소리가 들릴 때 ( )

공부를 하면 잘된다.

나는
1. 내 방에서 ( )
2. 식탁에서 ( )
3. 거실 탁자에서 ( )
4. 교실에서 ( )

공부를 하면 잘된다.

나는
1. 혼자서 ( )
2. 친구들과 함께 ( )
3. 엄마와 함께 ( )
4. 선생님과 함께 ( )

공부를 하면 잘된다.

내가 좋아하는 환경에서 공부를 한다고 상상해 봅시다. 기분이 어떤가요?

⇨ 기분 좋다. 포근하다. 공부를 잘할 것 같다.

내 공부 공간을 공부하기 좋은 환경으로 만들기 위해 오늘부터 나는 무엇을 해야 할지 생각해 봅시다.

---

8) 이하선(2007). 「자기관리기술향상 집단상담 프로그램이 초등학교 학습부진아의 자기 주도적 학습능력 및 학습습관에 미치는 영향」. 한국교원대학교 대학원 석사학위논문.

오늘 할 일	일주일 동안 해야 할 일	매일 해야 할 일
책상 위의 책 정리하기	방 청소하기	방 청소
	책장 정리하기	쓰고 난 물건은 제자리에 두기

Tip

학생 자신이 원하는 환경을 만들기 위해 무엇을 해야 할지 생각해 보도록 돕고, 계획을 실천하는지 여부를 점검하게 한다.

◎ 위에서 생각한 일을 언제 할지 계획하고 실천했으면 ○표, 실천하지 못했으면 ×표 합시다. 매일 자신이 실천한 사항을 보고 개선해야 될 부분이 무엇인지 확인하고 점수를 매겨 봅시다.

날짜 (월/일)	할 일	실천 여부 (○/×)	느낀 점	고쳐야 할 점	점수
10/2	책상 위의 책 정리하기	○	뿌듯했음	책을 쌓아두었는데 책장에 정리해야겠다.	70

나의 미래 공부 공간

◎ 내가 원하는 공부 공간을 그려 봅시다. 어떤 환경에서 공부하면 좋을까요? 책, 참고서, 필기도구 등 물건은 어디에 있나요?

Tip

그림을 그리는 것은 학생이 자신의 공간, 자신만을 위한 공간을 구체화시키도록 돕는 활동이다. 이때 단순히 그림을 그리는 것으로 끝내지 않고 교사가 그림에 대한 학생의 마음을 물어보면서 함께 그리는 게 좋다. 예를 들면, "책상이 있으면 좋을까?" "책상을 어디에 놓으면 좋을까?" 이렇게 질문하고 학생과 함께 그림을 그린다. 이 과정에서 학생은 자신이 원하는 것을 상상해 봄으로써 자신이 원하는 것이 무엇인지 알게 되고, 이를 통해 학습에 대한 동기도 촉진될 수 있다. 만약 학생의 가정 형편 때문에 원하는 대로 되지 않는다고 해도 이를 그려 보면서 꿈꿀 수 있게 도울 수 있다.

◎ 내가 그린 공간을 보니 어떤 느낌이 드나요?

⇨ 상쾌하고 기분이 좋다.

◎ 지금 공부하는 곳과 어떤 점에서 달라졌나요?

⇨ 방이 깨끗하다. 책상 위가 정리되어 있다.

5. 자원관리전략 1

—시간 및 환경 관리—

회기명	자원관리전략 1	시간 및 환경관리

[활동목표]

- 자신을 둘러싼 학습 환경을 구체적으로 파악할 수 있다.
- 자신의 학습 환경을 좀 더 학습에 대한 집중력을 높일 수 있는 방향으로 개선하고 통제할 수 있다.
- 하루 일과를 조직하고, 효율적으로 과업에 시간을 분배하는 방법을 익힌다.

1. 들어가기 3분

☺ 여러분 오늘은 노래를 부르고 시작할까요? 제목은 "주먹 쥐고 "예요. 율동과 함께 노래를 불러 봅시다.

♪ 주먹 쥐고 손을 펴서 손뼉치고 주먹 쥐고
또 다시 펴서 손뼉치고 두 손을 머리 위에
해님이 반짝 해님이 반짝 해님이 반짝 반짝거려요

주먹 쥐고 손을 펴서 손뼉치고 주먹 쥐고
또 다시 펴서 손뼉치고 두 손을 머리 위에
나비가 훨훨 나비가 훨훨 나비가 훨훨 훨훨 날아요

주먹 쥐고 손을 펴서 손뼉치고 주먹 쥐고
또 다시 펴서 손뼉치고 두 손을 머리 위에
나팔이 뚜뚜 나팔이 뚜뚜 나팔이 뚜뚜 나팔 불어요 ♪

2. 몸 풀기 5분

1) 이름 쌓기 게임

(1) 활동목적

- 함께 프로그램에 참여한 사람들의 이름을 기억함으로써 친밀감을 강화한다.
- 프로그램에 대한 집중도를 높인다.

(2) 준비물

학생들이 서로의 얼굴을 잘 알아볼 수 있을 정도의 밝은 조명

(3) 지시사항

☺ 여러분 노래 잘 불러 주었어요. 그러면 이번에는 게임을 해 볼까요?

☻ 네~

☺ 이 게임은 이름 쌓기 게임이에요. 조별로 하는 게임이니까 잘 보고 배우세요. 이 게임은 옆 사람의 이름을 말하고 자기 이름을 말하는 거예요. 점점 옆 사람의 이름의 수가 많아지니까 주의를 기울여서 게임을 해 보도록 해요.

☺ ㅇㅇ옆에 ㅁㅁ , ㅇㅇ옆에 ㅁㅁ옆에 ㅅㅅ식으로 참가의 이름을 점점 늘어나도록 하는 거예요. 시계방향으로 돌아가면서 이름을 쌓는 거예요. 잘할 수 있겠죠?

〈'이름 쌓기' 게임 진행 예시〉

선생님	희열이 옆에 선생님
학생 1	희열이 옆에 선생님 옆에 효정이
학생 2	희열이 옆에 선생님 옆에 효정이 옆에 지나
학생 3	희열이 옆에 선생님 옆에 효정이 옆에 지나 옆에 승범이……

(4) 지도요령

- 아동이 잘 기억하지 못하면 함께 도와준다.
- 그냥 이름을 외우는 것이 아니라 이름을 부를 때마다 그 사람의 얼굴을 보며 얼굴과 이름을 매치시켜 외우게 한다.
- 아동들이 매우 흥미 있어 할 때는 자리를 바꾸어 앉은 뒤 다시 한번 게임을 진행한다.

3. 활 동

1) 학습 환경 검사 3분

(1) 활동목적

- 참가자들의 주변 학습 환경 파악
- 검사를 통한 학습에 방해되는 요소 파악 및 개선

(2) 준비물

학습 환경 검사지

(3) 지시사항

☺ 여러분 이번에는 검사지를 풀어 볼 거예요. 나누어 주는 검사

지를 잘 읽고 문제를 풀어 보세요.

〈활동지 1〉 '학습 환경 검사지'를 나누어 주고 편안한 분위기에서 실시할 수 있도록 배려한다.

(4) **지도요령**

- 검사지가 정상/비정상을 구분할 수 없고, 검사가 아동의 좋고/나쁨을 구분하는 자료가 될 수 없다는 것을 인식시킨다.
- 시간을 충분히 주어서 대충 답하는 것을 방지하도록 한다.
- 정확히 이해되지 않는 문항이 있다면 교사에게 질문할 수 있도록 한다.
- 참가자들이 검사시간을 잘 따를 수 있도록 친절히 시간 안내를 한다.
- 질문지 작성이 끝난 후 마크가 표시되었는지를 확인하고 모두 회수한다.
- 검사를 실시하는 데 참가자들의 불편감이 적다고 판단될 경우, 별칭을 적어 검사지를 제출하도록 하는 간단한 방식을 선택할 수 있다.

〈활동지 1〉 학습 환경 검사지

학습 환경 검사지

____학년 ___반 ___번호 이름: ____________

이 검사지는 학습자의 학습환경을 검사하는 검사지입니다.
문항을 잘 읽고 물음에 답하세요.
괄호 안에 O, X로 답하세요.

1. 부모님의 사이가 좋지 않다. (　　)
2. 방 정리를 잘 하지 않는 편이다. (　　)
3. 건강이 좋지 않은 편이다. (　　)
4. 친구들과 사이가 좋지 않다. (　　)
5. 학교생활이 재미가 없다. (　　)
6. 수업 내용에 집중하기가 힘들다. (　　)
7. 고민거리가 있어서 학습에 방해를 받는다. (　　)
   만약 고민거리가 있다면 아래에 기록해 주세요.
   ↳ ________________________________
8. 수업시간에 지적을 자주 받는 편이다. (　　)
9. 집중이 잘 안 되어 수업에 영향을 많이 받는다. (　　)
10. 산만하다는 이야기를 자주 듣는다. (　　)

이상으로 검사를 마치겠습니다.
수고하셨습니다.
☺

2) 시간표 계획하기 15분

(1) 활동목표

- 하루의 일과를 계획해 봄으로써 계획적으로 생활하는 것의 의의를 깨닫는다.
- 하루의 과제를 완성하기 위해 효과적으로 시간을 분배하는 방법을 학습한다.

(2) 준비물

활동지, 색연필, 스톱워치(인터넷에서 다운받아 사용)

(3) 지시사항

- 시간표를 짜는 활동 자체도 시간제한을 둠으로써 과제를 완수하기 위해 미리 시간을 분배하는 것을 자연스럽게 학습하도록 유도한다.

☺ 여러분 검사지를 다 풀어 봤나요?

☻ 네~.

☺ 여러분 공부를 하거나 숙제를 하다가 시간이 모자란 적이 있어서 그냥 자 본 적이 있나요?

☻ 네~.

☺ 이제부터는 그런 일이 없도록 해 봐요. 그런 의미에서 생활 시간표를 짜 볼까요? 선생님이 나눠주는 시간표에 하루 일과를 짜 보는 거예요. 잘할 수 있겠죠?

☻ 잘할 수 있어요~.

☺ 그럼 지금부터 시간표를 짜 보는 거예요. 제한 시간은 15분이에요. 앞에 있는 TV의 스톱워치를 보고 시간을 잘 조정하도록 하세요. 그럼 시작~.

(4) **지도요령**

- 진지하게 자신의 활동에 임할 수 있도록 격려한다.
- 멀티미디어를 사용해 스톱워치를 TV에 띄우고 시간을 15분으로 맞춰 놓는다. 스톱워치를 보면서 시간을 조절할 수 있도록 한다.

☺ 시간표를 다 짠 친구들은 여러분이 짠 시간표 친구들에게 자랑해 볼까요? 여러분 모두 옆의 친구의 시간표를 보고 칭찬해 주세요.

〈활동지 2〉 시간표 짜기

시간표 짜기

____학년 ___반 ___번호 이름: ____________

- 시간표를 짜 봅시다.
- 시간표를 짜고 난 뒤에 시간표를 지키며 생활합시다.
- 규칙적인 생활 습관을 통해 시간관리를 할 수 있어요

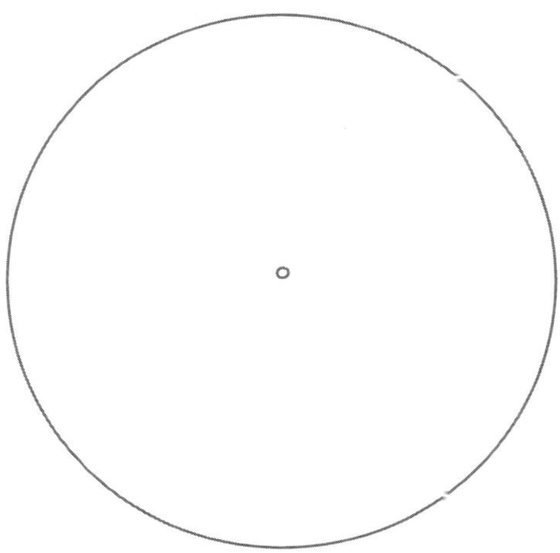

시간표를 짜고 부모님께 꼭 보여 드리세요.
시간을 잘 절약하다 보면 여가시간도 생기게 될 거예요.
여러분은 시간을 잘 지킬 수 있겠죠?
시간표대로 지키기 약속해요~.
꼭!

3) 서약하기 3분

(1) **활동목표**

- 친구들의 시간계획과 자신의 계획을 개방하고 공유하는 시간을 갖는다.
- 서약서를 작성하고 공언함으로써 실천의 의지를 강화한다.

(2) **준비물**

시간계획표, 서약서

(3) **지시사항**

☺ 친구들이 짠 시간표 잘 살펴보았죠?

☻ 네~.

☺ 그럼 이번에는 시간표를 잘 지키자는 의미에서 서약서를 써 볼까요?

☻ 네~.

☺ 서약서를 쓴 친구들은 시간표를 잘 지킬 수 있겠죠? 그럼 선생님이 나눠 준 서약서를 읽고 서약을 하세요.

(4) **지도요령**

너무 엄숙하거나 엄격한 분위기가 되지 않도록 하되, 진지하게 서약에 임할 수 있도록 진행한다.

〈활동지 3〉 서약서

서약서

____학년 ___반 ___번호 이름: ____________

학생 ____________는 ______년 ____월 ____일

만든 시간표를 앞으로 잘 지킬 것을 서약합니다.

만약 시간표를 잘 지킬 시에는 알림장에 부모님의 확인을 받고

____________ 선생님께 착한 어린이 표를 받겠습니다.

학생 ________________ 교사 ________________

4) 방 정리하기 15분

(1) 활동목표

- 정돈된 방이 학습의 효율과 학습에의 집중을 높일 수 있다는 것을 깨닫는다.
- 자신의 방을 돌아보고 정리할 수 있는 계기를 갖는다.

(2) 준비물

사진자료, 활동지

(3) 지시사항

- 멀티미디어를 활용하여 지저분한 방의 사진을 보여 주고, 느낌을 공유한다.
- 활동지를 통해 시각자료에 대한 자신의 느낌을 글로 적고 표현할 수 있도록 격려한다.
- 활동지를 통해 시각자료에 대해 기록하고, 정리를 해야 할 부분을 기록하도록 한다.
- 집에 가서 활동지를 비교하며 자신의 방을 정리하도록 유도한다.

☺ 자 여러분, 시간표 짜기 재미있었나요?

☻ 네~.

☺ 모두들 수고 많이 했어요. 그럼 이번에는 방 정리에 대해 배워 볼까요? 선생님이 사진을 하나 보여 줄 거예요.

• 멀티미디어를 활용해 사진 자료를 보여 준다.

☺ 무슨 사진이에요?

그림 1

그림 2

☻ 방 사진이에요.

☺ 사진 속의 방을 본 느낌이 어떤가요? 선생님이 나누어 준 활동지에 느낌을 적어 보세요.

• 〈활동지 4〉를 나누어 주고 1번에 느낌을 적게 한다.

☺ 느낌을 다 적어 보았으면 자신의 방과 비교를 해 봐요. 어디가 같고 어디가 다른가요? 〈활동지 4〉의 2번에 써 보세요.

• 〈활동지 4〉의 2번을 적도록 한다.

☺ 2번을 다 적었다면 3번을 해 볼까요?

• 〈활동지 4〉의 3번을 하도록 한다.

(4) **지도요령**

• 활동지 작성을 한 뒤, 자신의 방을 정리할 수 있도록 유도한다.

☺ 자 여러분~ 활동지를 다 풀어 보았나요? 깔끔한 방이 훨씬 공부하기에도 좋고 보기에도 좋겠죠?

☻ 네~.

☺ 여러분 모두 오늘 집에 가면 방 정리할거죠?

☻ 네~.

☺ 모두 약속할 수 있어요?

☻ 약속할 수 있어요~.

☺ 그럼 내일 선생님한테 방 정리하고 자랑할 수 있겠죠?

☻ 네~.

☺ 그럼 내일 꼭 오늘 방 정리한 소감 말해 주기예요~.

☻ 네~.

〈활동지 4〉 방 정리를 해 봐요

방 정리를 해 봐요

____학년 ___반 ___번호 이름: ____________

선생님이 제시한 방 그림을 보고 아래의 문제를 풀어 봅시다.

1. 방 사진을 보고 느낌이 어땠나요?

2. 사진에 있는 방과 자신의 방을 비교해 보고 느낌을 써 봅시다.

3. 이 사진에서 정리를 해야 할 부분은 어디일까요?

지저분한 방보다는 깔끔한 방이 더욱 보기에도 좋고 방을 쓰기에도 훨씬 편리하겠죠?
여러분 모두 집에 가서 방 정리를 해 봐요.
약속 ☺

4. 정리 및 마무리 1분

☺ 여러분 오늘 다들 수고 많이 했어요. 오늘 가서 부모님께 배운 내용 꼭 말씀드리기 약속할 수 있어요?

☻ 네~.

☺ 그럼 오늘 방 정리하는 것도 약속할 수 있죠?

☻ 네~.

☺ 그럼 오늘 방 정리하고 알림장에 부모님 확인받아 오기 선생님하고 약속하기예요~.

☻ 네!

☺ 오늘 했던 두 가지 활동이 뭐였죠?

☻ 시간표 짜기랑 방 정리하기요~.

☺ 맞아요. 오늘은 시간표를 짜 보고 방 정리를 하는 것도 해 보았어요. 여러분 모두 잘해 주어서 선생님은 너무 기분이 좋네요. 다음번 수업시간에는 읽기 활동을 할 거예요. 다음 수업시간에도 열심히 할 수 있겠죠?

☻ 네~.

☺ 그럼 오늘은 여기서 수업을 마칩시다. 모두 수고했다는 의미에서 칭찬박수 칩시다.

- 박수를 치면서 수업을 마무리한다.
- 집에 가서 방 정리를 하고 부모님께 확인을 받아 오도록 한다.
- 오늘 한 활동을 정리하며 다음 수업내용을 예고하며 마무리 한다.

6. 자원관리전략 2

-시간 활용 10배 늘리기-

회기명	주의집중전략 2	시간 활용 10배 늘리기

[활동목표]

- 나의 시간관리 수준을 파악해 본다.
- 효과적인 시간관리 전략을 연습하여 익힌다.

1. 들어가기 2분

☺ 여러분은 시간 가는 줄 모르고 무언가를 열심히 해 본 적이 있으세요? 또, 계획을 세운 만큼 공부를 해 본 적은요?

☺ 오늘 우리가 함께 배울 시간관리법은 여러분이 어떻게 시간을 사용하고 있는지를 알려 줄 거예요. 또한 앞으로 여러분들이 시간을 잘 쓸 수 있게 하는 좋은 방법을 알려 줄 것입니다. 시간을 효과적으로 쓰게 된다면 공부한 만큼의 성과를 충분히 거둘 수 있겠죠? 그리고 엄두가 안 나던 공부도 효과적으로 할 수 있겠지요?

☺ 오늘 어떤 것들을 배울지 아래 내용을 살펴보세요. ^^

- 중요도(importance)와 급한 정도(urgency)에 따라 일의 우선순위를 매기기
- 자신의 일상을 점검하여 우선순위를 매기고 실천하기
- 나의 시간 사용 수준을 파악하고, 하루 계획을 세우기 사용 점검하기

2. 몸 풀기(1, 2중 선택) 10분

1) 암호풀기게임

(1) 활동목적

흥미 있는 암호풀기게임을 통해 회기에 집중력 증대 및 동기 고취

(2) 준비물

암호문이 적힌 큰 종이 혹은 ppt 자료, 사탕 등 간단한 상품

(3) 지시사항

☺ 자, 여러분 오늘도 시간관리 공부를 하기 전에 우리 모두 몸을 한 번 풀어도 되겠습니까? 자, 그럼 시작해 봅~시~다.(안어벙 버전)

☺ (전체를 2~4개 조로 나눈다) 3분의 시간을 줄 테니, 각 조에 나누어 준 암호문을 풀어 보세요. 다 맞춘 조는 신호를 주세요. 가장 빨리 맞춘 조, 또는 가장 많이 맞춘 조에게 상품을 드리겠습니다.(사탕 한 알씩)

☺ (3분 후~) 자, 그럼 우리 모두 각자는 어떤 방법으로 암호를 풀었는지 한 번 발표해 볼까요?

(4) 지도요령

- 지도자는 게임이 시작되기 전 학생 수를 고려해 2~4개의 조로 나눈다.

- 조별로 한 문제씩 제비를 뽑도록 한다.
- 답으로 제시된 문장이 활동을 나타나므로, 해독한 문장을 그대로 실시하게 시킬 수 있다. 잘한 조에게는 가벼운 시상을 한다.
- 정답은 다음과 같다.
  1) 답: 선생님 이름으로 삼행시 짓고 우리의 소원은 통일 노래 부르기
  2) 답: 어깨동무하고 자기 이름 외친 후 산토끼 노래 부르기
  3) 답: 가위바위보를 하여 이긴 사람을 한 번씩 업어 주고 송아지 부르기
  4) 답: 머리를 맞대고 자기의 특기 하나씩 말하고 아리랑 부르기

〈활동지 1〉 암호풀기게임

암호풀기게임

1) ㄱ ㅣ ㄹ ㅡ ㅂ ㅜ ㄹ ㅐ ㄴ ㅗ ㅇ ㅣ ㄹ ㅌ ㅗ ㅇ ㅇ ㅡ ㄴ ㅇ ㅝ ㄴ ㅅ ㅗ ㅇ ㅓ ㄹ ㅣ ㅇ ㅜ ㄱ ㅗ ㅈ ㅣ ㅅ ㅅ ㅣ ㅎ ㅐ ㅇ ㅅ ㅏ ㅁ ㄹ ㅗ ㅇ ㅡ ㄹ ㅡ ㅁ ㅇ ㅣ ㄴ ㅣ ㅁ ㅅ ㅐ ㅇ ㅅ ㅓ ㄴ

힌트: 글자를 만들어 놓고 생각해 보시오.

답: ______________________________

2) 어기토깨이끼동름노무외래하친부고후르자산기

힌트: 몇 개씩 띄어서 읽어 보세요.

답: ______________________________

3) 가번위씩바업위어보주하고여송이아긴지사부람르을기 한

힌트: 몇 개씩 띄어서 생각해 보세요.

답: ______________________________

4) E3D0D9DE1IC10A5I1A0H90L9AA0N1B1GG0AE1D√1AOH1D0D1HF7D9A0

힌트: 암호 해독표를 잘 살펴보세요.

A B C D E F G H I J K L M N

ㄱ ㄴ ㄷ ㄹ ㅁ ㅂ ㅅ ㅇ ㅈ ㅊ ㅋ ㅌ ㅍ ㅎ

1 2 3 4 5 6 7 8 9 0

ㅏ ㅑ ㅓ ㅕ ㅗ ㅛ ㅜ ㅠ ㅡ ㅣ

답: ______________________________

2) 쇼핑바구니 채우기 게임

(1) 활동목적

- 공부를 잘하는 데 도움이 되는 물건선택을 통해 자기를 드러내기
- 공부에 관한 각자의 소망과 욕구를 들어 봄으로써 타인의 요구를 탐색하기

(2) 준비물

각 학생들에게 그림 복사본 한 장씩, 사인펜 혹은 크레파스

(3) 지시사항

☺ 여러분, 자 눈을 감아 보세요. 여러분은 어떤 마술가게에 들어왔습니다. 무슨 가게일까요?

☺ (준비물을 나누어 주면서) 여러분은 20분 동안 마술가게에서 공부와 관련된 모든 것을 여러분 자신의 쇼핑바구니에 넣을 수 있답니다. 이 쇼핑에서 선택한 물건들을 나누어 준 종이에 그려 보세요.

☺ (5분 후) 다 그렸어요? 바구니에는 뭘 담았나요? 바구니에 들어 있는 것을 설명해 보세요. 각각 물건들이 얼마나 중요한지, 자신에게 어떤 의미가 있는지 설명해 보세요.

☺ 다른 친구의 쇼핑바구니에 품목을 추가하고, 그 이유를 말해 보세요.

이때 선택된 품목은 종종 기본적 욕구를 드러낸다.

(4) **지도요령**

- 공부와 관련 쇼핑이 아닌, 전제가 없는 자유로운 쇼핑바구니 채우기 게임을 실시해도 된다. 그 회기의 분위기나 리더의 판단에 따라 결정하도록 한다.
- 이 활동은 다양한 수준에서 해석될 수 있으므로, 리더는 학생 한 명 한 명의 선택과 반응을 주시한다.

3. 활 동

1) 민수의 이야기 10분

(1) **활동목적**

우선순위를 세우는 것의 중요성을 깨닫는다.

(2) **준비물**

- 〈활동지 2〉 민수의 이야기
- 〈활동지 3〉 결정의 순간(아동용/교사용)
- 가위, 풀, 필기도구

(3) **지도요령**

☺ 지금부터 우리 민수의 이야기를 읽어 볼 거예요. 누가 소리 내어 읽어 볼까요?

☺ 참 잘 읽어 주었어요. 민수가 해야 할 일이 참 많아서 머리가 복잡하겠어요. 우리도 그럴 때가 종종 있지요? 자, 지금부터는 민수가 해야 할 일들을 여기 하루 계획표에 한 번 죽 적어

볼 게요. 가위를 사용해서 오린 다음에 왼쪽 계획표에 붙여 볼까요?

☺ 여러분이 생각하기에, 가장 먼저 해야 할 일부터 한 번 배치해 볼게요.

☺ 어때요? 전부 다 배치할 수가 없지요? 그럼 우리 어떻게 해야 할까요?

☺ 그래요. 중요한 일, 오늘 끝내지 않으면 안 될 일부터 해야 하겠지요?

(4) 지시사항

- 이 활동을 개인이 아닌 모둠별로 집단 작업을 해도 효율적으로 진행할 수 있다. '해야 할 일'도 모둠원끼리 찾아내고 그 일을 계획표에 배치할 때도 여러 친구들의 의견을 모아 배치하게 하면 더욱 흥미롭게 활동이 진행된다. 그리고 모둠별로 완성한 계획표를 비교해 봄으로써 서로 다른 가치 기준을 비교하게 하는 것도 좋은 방법이 될 수 있다.
- 해야 할 일들의 목록을 작성하여 계획표에 배치하면 시간이 모자란다. 결국 일의 우선순위를 정하여 우선순위가 낮은 일들은 하지 않고 중요한 일부터 해야 된다는 필요성을 깨닫도록 돕는 것에 중점을 둔다.

〈활동지 2〉 민수이야기

민수이야기

6월 1일 ○요일 흐림

오늘은 4교시까지만 있는 날이다. 하지만 내일은 6교시……. 일주일 내내 4교시만 있는 나라에 태어났으면…… 난 요즘 할 일이 너무 많아서 도대체 뭘 먼저 해야 할지 몰라 머리가 뒤죽박죽되어 버리는 것 같다.

난 내일 수업이 끝난 후(2:30) 곧바로 영어 특기 적성 반(60분)으로 가야 한다.

영어 선생님은 정말 호랑이다. 아니 그러고 보니 영어 숙제가 있었네? 지난번에도 숙제를 안 해서 혼났는데 내일 또 숙제를 안 하면 난 완전히 찍혀 버리겠지?

특기 적성이 끝나면 학원(1시간)에 갈 시간이 5분도 남지 않는다. 시간이 없지만 그래도 학원에 같이 가는 친구가 있어 심심하진 않다. 사실 요즘엔 학원 가는 길에 현수와 군것질(30분)을 하는 버릇이 생겼다. 수창 분식에서 떡볶이와 오뎅을 사먹기 시작했는데 요즘엔 거의 매일 먹는다. 학원에 조금 늦지만 특기 적성이 늦게 끝났다고 말씀드리면 학원 선생님도 그냥 넘어가신다.

학원이 끝나면 집에 와서 게임을 쉴 새 없이 한다(1시간 반). 엄마가 들어오시는 시간까지가 나의 유일한 자유 시간. 난 이 시간이 정말 꿀같이 달콤하다. 엄마가 오시면 저녁을 차려 주셔서 동생과 저녁을 먹고 TV를 본다(1시간). 내일은 내가 제일 좋아하는 축구 경기 중계방송(2시간)이 있는 날이다.

아니 그러고 보니 숙제가 한두 가지가 아니다. 매일 영어 테이프도 들어야 하고(30분), 모레는 수학 3단원 수행 평가가 있는 날이라 수학 복습도 해야 하고(1시간)……. 그러고 보니 내일은 7시에 바이올린 선생님이 레슨을 해 주시는 날이네? (1시간) 아이쿠…… 머리가 정말 터져 버릴 것 같다. 우리 집은 10시면 모두 잠자리에 드는데…….

〈활동지 3〉 결정의 순간

결정의 순간

오려서 사용하세요.

시각	할 일
2:00	수업 끝
3:00	
4:00	
5:00	
6:00	
7:00	
8:00	
9:00	
10:00	
11:00	
12:00	

민수가 해야 할 일

2) 우선순위를 어떻게 결정하지요? 10분

(1) 활동목적

• 우선순위를 세우는 방법을 배운다.

(2) 준비물

• 〈활동지 4〉 우선순위를 어떻게 결정하지요?(아동용/교사용)
• 가위, 풀, 필기도구

(3) 지도요령

☺ 우리 지금부터는, 네 가지 영역에 맞추어 민수가 해야 할 일들을 정리해서 적어 봅시다.

☺ 네 가지 색깔의 네모가 있는 활동지를 꺼내 보세요. 4개의 영역이 나누어져 있지요? 급한 일, 급하지 않은 일, 중요한 일, 중요하지 않은 일. 우리 영역에 맞추어 한 번 적어 봅시다.

☺ 다 적어 보았나요? 그러면 우리가 가장 먼저 해야 할 일은 무엇일까요?

☺ 그래요. 누구에게나 똑같이 주어진 24시간의 한정된 하루 동안 1, 2, 3, 4의 순서대로 일을 진행한다면 쉽게 당황하거나 곤란해지지 않고 잘 생활할 수 있을 거예요.

☺ 우리 누가 누가 어떻게 적었나 한 번 비교해 보아요. 어때요? 우리 똑같은 일을 가지고 나누었는데도, 똑같이 배치가 되어 있지는 않지요? 어떤 일이 급한지, 어떤 일이 중요한지는 각자의 마음에 따라 달라질 수가 있어요.

(4) 지시사항

- 우선순위를 정하는 활동 역시 조별로 토의하여 정하게 한 후 각 조별 내용을 비교하여 서로의 다른 가치 기준을 확인하는 것도 매우 효과적이다.
- 'TV 시청(축구 중계)'의 경우 어떤 아동은 영역 [2]에(중요하지 않지만 급함), 어떤 아동은 영역 [4]에(중요하지 않고 급하지도 않음)에 표시하는 경우가 있다. 만일 집에 비디오가 있어 녹화를 할 수 있거나 재방송을 한다면 급하지 않지만 그렇지 않다면 급한 일이 된다. 따라서 같은 일이라도 조건에 따라 다른 영역([2] 또는 [4])이 될 수 있음을 알게 한다. 이처럼 우선순위란 절대적인 것이 아니라 상대적이란 것을 설명해 주면 효과적이다.

〈활동지 4〉 우선순위를 어떻게 결정하지요?

우선순위를 어떻게 결정하지요?

____학년 ___반 ___번호 이름: ______________

중요한 정도와 급한 정도에 따라 일들을 분류해 보세요

중요 × 급함 ○ 2	중요 ○ 급함 ○ 1
4 중요 × 급함 ×	3 중요 ○ 급함 ×

3) 나의 시간 사용 점검하기 10분

(1) 활동목적

자신의 시간 사용을 점검하고, 우선순위를 결정하여 이에 따라 생활할 수 있다.

(2) 준비물

- 〈활동지 5〉 나의 시간 사용을 점검해 볼까요?
- 필기도구, 가위, 풀, 색연필

(3) 지도요령

☺ 우리 그러면 마지막 활동지를 꺼내 봅시다. 지금부터는 우리 자신의 하루 생활을 점검해 보아요.

☺ 우리 어제 했던 일들을 우선순위를 생각하며 타임머신 칼럼에 적어 볼까요? 어제의 삶을 오늘 다시 산다면 어떻게 생활할 지 생각해서 적어 봅시다.

☺ 그래요. 우리 지금부터는 이번 일요일 하루를 어떻게 보낼 것인지 한 번 생각해서 하루 계획을 적어 봅시다.

(4) 지시사항

수업 당일뿐만 아니라 다른 평일도 같은 과제로 제시하여 배운 기술을 생활에 적용하도록 돕는다.

〈활동지 5〉 나의 시간 사용을 점검해 볼까요?

나의 시간 사용을 점검해 볼까요?

요일 / 시간	어제	타임머신	일요일	타임머신
아침 6:00~7:00				
7:00~8:00				
8:00~9:00				
9:00~10:00	학교 생활			
10:00~11:00				
11:00~12:00				
오후 12:00~1:00				
1:00~2:00				
2:00~3:00				
3:00~4:00				
4:00~5:00				
5:00~6:00				
저녁 6:00~7:00				
7:00~8:00				
8:00~9:00				
9:00~10:00				
10:00~11:00				
11:00~12:00				

※ 채워 넣은 일들을 오른쪽의 기준에 맞춰 색칠해 보세요.	◈ 중요○ 급함○ : 노란색	◈ 중요× 급함○ : 초록색
	◈ 중요○ 급함× : 분홍색	◈ 중요× 급함× : 빨간색

4. 정리 및 마무리 2분

☺ 여러분 오늘 우리 무엇을 했나요?

☺ 그래요. 해야 할 일, 하고 싶은 일이 많아 복잡한 민수의 하루를 보며 어떤 일부터 해야 할지 정리해 보았고요, 여러분의 하루는 어떤지 생각해 보았어요. 선생님은 오늘도 유익하고 즐거운 시간이었던 것 같은데 여러분은 어떠셨어요? 서로서로 느낀 점을 편안하고 자유롭게 나누어 봅시다.

☺ 여러분, 지금까지 세운 계획표대로 한 번 생활해 보도록 합시다. 그런데 늘 계획을 지키지 못할 때도 있지요? 누구나 처음부터 잘되는 일은 아니랍니다. 선생님도 계획을 지키지 못할 때가 있어요. 하지만 지키지 못할 거라고 생각하고 아무런 계획 없이 생활하면 오늘 읽었던 민수의 하루처럼 복잡하고 어지러운 생활이 반복되겠지요? 우리 열심히 계획을 세워 생활하도록 합시다.

참가자들이 자기 생각을 발표하도록 허용적인 분위기를 만들고, 모든 소감에 대해 긍정적인 피드백을 주도록 한다.

|참고문헌|

김계현, 김수미(1999). 주의산만-학업부진 중학생의 수업집중행동의 변화에 관한 연구. 한국심리학회지 상담, 11(2), 227-238.

김동일(1999). 인지학습의 교육적 적용: 학습장애아동을 위한 상위인지전략 교수. 인천교육대학교 교육논총, 16, 187-206.

김동일(2005). 학업상담을 위한 학습전략 프로그램. 서울: 학지사.

김동일(2007). 알자(ALSA) 청소년 학습전략 검사 실시요강. 서울: 학지사.

김영진(1998). 상담자 교사 학부모를 위한 효율적인 학습상담법. 서울: 양서원.

김영채(1992). 학습전략 개발을 위한 훈련 프로그램. 한양대학교 대학생활연구, 10, 37-60.

김정신(2003). 자기주도적 학습전략 훈련이 초등영어교육에 미치는 영향: 학습전략 사용빈도, 선호도 및 학습태도의 변화. 경인교육대학교 대학원 석사학위논문.

김창대, 이정윤, 임은미, 김택호, 이영선(1994). 성적이 떨어지는 아이들. 청소년상담문제 연구보고서, 9. 서울: 청소년 대화의 광장.

김향숙(2005). 청소년 학습전략 검사 타당성 연구: 초등학교 5, 6학년을 대상으로. 서울대학교 석사학위논문.

박연정(2004). 영어 어휘 학습전략에 관한 연구. 건양대 교육대학원 석사학위논문.

변영계, 박한숙(2004). 학습기술 훈련 프로그램-교사용 지도서-. 서울: 학지사.

신종호, 최효식(2005). 메타인지검사 방법의 측정학적 특성 연구: 자기보고식 대 과제수행식 검사방법 비교. 교육심리연구, 19(3), 615-631.

신종호, 최효식(2007). 메타인지의 영역 일반성과 영역 특수성 비교. 교육심리연구, 21(1), 89-104.

오원석(2004). 자기조절학습이 학습부진아의 수학과 학업성취와 자기 효능감에 미치는 효과. 대구대학교 특수교육대학원 석사학위논문.

윤미영(1996). 문제해결에서 메타인지의 역할을 강조한 수업효과에 관한 연구. 이화교육논총, 7, 103-119.

윤선아, 김현택, 최준식(2007). 주의력 조절 척도의 신뢰도 및 타당화 연구. 한국심리학회지: 임상, 26(1), 185-199.

윤영화(2002). 자기조절 학습상담이 학습전략사용, 학습습관, 자기효능감과 학업성취에 미치는 효과. 안양대학교 교육대학원 석사학위논문.

이봉주(2004). 한국수학교육학회지 시리즈 A: 문제해결 과정에서 메타인지적 활동 안내를 통한 고등학생의 메타인지 능력 활성화 가능성 탐색. 수학교육, 43(3), 217-231.

이정모, 김민식, 감기택, 김정오, 박태진, 김성일, 이광오, 김영진, 이재호, 신현정, 도경수, 이영애, 박주용, 조은경, 곽호완, 박창호, 이재식, 이건효(2000). 인지심리학. 서울: 학지사.

이춘자(2003). 자기조절 학습전략 훈련이 학습장애자의 자기효능감 및 학업성취에 미치는 효과. 영남대학교 교육대학원 석사학위논문.

이화도(2005). 미래의 학습장애에 대한 대안으로서의 메타인지: 개념적 접근 및 교육적 시사점을 중심으로. 특수아동교육연구, 7(2), 53-65.

진화봉, 리순아, 김회수(2003). 메타인지적 지식가 작동기억이 메타인지적 규제 요구 과제의 성취에 미치는 영향. 교육정보미디어연구, 9(3), 119-148.

최정원, 이영호(2006). 학습치료 프로그램 시리즈 10. 지침서(전문가용). 서울: 학지사.

Argulewicz, E. N.(1982). Effects of an Instructional Program Designed to Improve Attending Behaviors of Learning-Disabled Students. *Journal of Learning Disabilities, 15*(1), 23-27.

Atkinson, R, C., & Shiffrin, R. M. (1968). Human memory: A proposed system and its control processes. In K. Spence & J. Spence (Eds.),

The psychology of learning and motivation (Vol. 2). New York: Academic Press.

Borkowski, J. G., Weyhing, R. S., & Carr, M. (1988). Effects of attributional retraining on strategy-based reading comprehension in learning disabled students. *Journal of Educational Psychology, 80,* 46-53.

Brown, A. I. (1978). *Knowing when, where, and how to remember.* Erlbaum & Associates.

Brown, A. L., Campione, J. C., & Barclay, C. R. (1979). Training self-checking routines for estimating test readiness: generalization from list learning to prose recall. *Child Development, 50*(2), 501-512.

Brown, A. L., Campione, J. C., & Day, J. D. (1981). Learning to Learn: On Training Students to Learn from Texts. *Educational researcher: a publication of the American Educational Research Association, 10*(2), 14-21.

Chapman, J. W. (1988). Cognitive-motivational characteristics and academic achievement of learning disabled children: A longitudinal study. *Journal of Educational Psychology, 80,* 357-365.

Copeland, A. P., & Wisniewski, N. M. (1981). Learning disability and hyper-activity: deficits in selective attention. *Journal of experimental child psychology, 32*(1), 88-101.

Cruickshank, W. M. (1961). *A teaching method for brain-injured and hyperactive children; a demonstration-pilot study.* Syracuse, N.Y., Syracuse University Press.

Dansereau, D. F. (1978) The development of a learning strategy curriculum. In H. F. O'Neil Jr. (Ed.), *Learning Strategy.* N.Y.: Academic press.

Dansereau, D. F. (1985). Learning strategy research. In W. J. Dixson & F. J. Massey (1969). *Introduction to statistical analysis.* New York: McGraw-Hill.

Dawson, M. M., Hallahan, D. P., Reeve, R. E., & Ball, D. W. (1980). The effect of reinforcement and verbal rehearsal on selective attention in learning disabled children. *Journal of Abnormal Child Psychology, 8,* 133-144.

Dember, W. N., & Warm, J. S. (1979). *Psychology of perception.* New York, Holt, Rinehart and Winston.

Efklides, A. (2006). Metacognition and affect: What can metacognitive experiences tell us about the learning process. *Educational Research Review, 1*(1), 3-14.

Fernandez-Duque, D., Jodie A. B., & Michael I. P. (2000). Executive Attention and Metacognitive Regulation. *Consciousness and Cognition, 9*(2), 288-307.

Flavell, J. H., & Wellman, H. M. (1977). Metamemory. In R. V. Kail & J. W. Hagen (Eds.), *Perspectives on the development of memory and congition.* Hillsdale, N.J.: Erlbaum.

Flavell, J. H. (1979). Metacognition and cognitive monitoring: A new area of cognitive-developmental inquiry. *American Psychologist, 34,* 906-911.

Frijda, N. H. (1986). *The emotions.* Cambridge: New York.

Garner, R. (1990). When children and adults do not use learning strategies: Toward a Theory of Settings. *Review of Educational Research, 60*(4), 517-529.

Glynn, E. L., Thomas, J. D., & Shee, S. M. (1973). Behavioral Self-Control of on-Task Behavior in an Elementary Classroom. *Journal of Applied Behavior Analysis, 6*(1), 105-113.

Hagen, J. W., Jongeward, R. H., & Kail, R. V. (1975). Cognitive perspectives on the development of memory. *Advances in child development and behavior, 10,* 57-101.

Hallahan, D. P., Tarver, S. G., Kauffman, J. M., & Graybeal, N. L. (1978). Comparison of Effects of Reinforcement and Response Cost on

Selective Attention of Learning Disabled Children. *Journal of Learning Disabilities, 11*(7), 430-438.

Hallahan, D. P., Lloyd, J., Kosiewicz, M. M., Kauffman, J. M., & Graves, A. W. (1979) Self-Monitoring of attention as a treatment for a learning disabled boy's off-task behavior. *Learning Disability Quarterly, 2*(3), 24-32.

Hallahan, D. P., & Lloyd, J. W. (1987). Self-monitoring of attention: a reply to Snider. *Learning Disability Quarterly, 10*(2), 153-156.

Harris, K. R., Graham, S., Reid, R., McElroy, K., & Hamby, R. S. (1994). Self-monitoring of attention versus self-monitoring of performance: replication and cross-task comparison studies. *Learning Disability Quarterly, 17*(2), 121-139.

Harris, K. R., Friedlander, B. D., Saddler, B., Frizzelle, R., & Graham, S. (2005). Self-monitoring of attention versus self-monitoring of performance: effects among students with ADHD in the general education classroom. *The Journal of Special Education, 39*(3), 145-156.

Jacobs, J. E., & Paris, S. G. (1987). Children's metacognition about reading issues in definition, measurement, and instruction. *Educational Psychologist, 22*, 255-278.

Jones, B. F. (1983). *Integration learning strategies and text research to teach high order thinking skills in schools.* Paper presented at the annul meeting of the America Educational Research Association. Montreal, Canada.

Kausler, D. H., Laughlin, P. R., & Trapp, E. P. (1963). Effects of Incentive-Set on Relevant and Irrelevant (Incidental). *Learning in Children. Child Development, 34*(1), 195-199.

Loper, A. B., & Hallahan, D. P. (1982). Meta-attention: the development of awareness of the attentional process. *The Journal of General*

Psychology, 106, 27-33.

Loper, A. B., Hallahan, D. P., & Ianna, S. O. (1982). Meta-attention in learning disabled and normal students. *Learning Disability Quarterly, 5*(1), 29-36.

Lubker, B. J. (1969). The Role of between-and Within-Setting Irrelevant Dimensions in Children's Simultaneous Discrimination Learning. *Child development, 40*(3), 957-964.

McKeachie, Wilbert J. (1986). *Evaluating teaching*. University of Minnesota, Minneapolis.

Meichenbaum, D. (1977). *Cognitive-behavior modification: An integrative approach*. New York: Plenum press.

Miller, P. H., & Bigi, L. (1979). The development of children's understanding of attention. *Merrill Palmer Quart, 25*, 235-250.

Moore, D., Zabrucky, K., & Commander, N. E. (1997). Validation of the metacomprehension scale. *Contemporary Educational Psychology, 22*, 457-471.

Parasuraman, R., & Davies, D. R. (1984). *Varieties of attention*. Orlando, Academic Press.

Pintrich, P. R., Smith, D. A. F., Garcia, T., & McKeachie, W. J. (1993). Reliability and predictive validity of the motivated strategies for learning questionnaire (MSLQ). *Educational and Psychological Measurement, 53*(3), 801-813.

Poplin, M. S. (1988). The reductionistic fallacy in learning disabilities: replicating the past by reducing the present. *Journal of Learning Disabilities, 21*(7), 389-400.

Snider, V. (1987). Use of self-monitoring of attention with LD students: research and application. *Learning Disability Quarterly, 10*(2), 139-151.

Swanson, H. (1989). Strategy instruction: overview of principles and procedures for effective use. *Learning Disability Quarterly, 12,* 3-12.

Tarver, S. G., Hallahan, D. P., Cohen, S. B., & Kauffman, J. M. (1977). The development of visual selective attention and verbal rehearsal in learning disabled boys. *Journal of Learning Disabilities, 10,* 491-500.

Weinstein, C. E., & Mayer, R. E. (1986). The teaching of learning strategies. In M. C. Wittrock (Ed.), *Handbook of research on teaching* (3rd ed., pp. 315-327). New York: Macmillan.

Wong, B., & Jones, W. (1982). Increasing metacomprehension in learning disabled and normally achieving students through self-questioning training. *Learning Disability Quarterly, 5,* 228-239.

Zimmerman, B. J., & Pons, M. M. (1986). Development of structured interview for assessing student use of self-regulated learning strategies. *American Educational Research Journal, 23*(4), 614-628.

Zimmerman, B. J. (1989). A social cognitive view of self-regulated academic learning. *Journal of Educational Psychology, 81*(3), 329-339.

찾아보기

인명

내용

저자 소개

김동일

현재 서울대학교 사범대학 대학원 교육학과 교육상담전공 교수, 대학원 특수교육전공 주임교수, BK21 역량기반 교육혁신연구사업단 참여교수로 재직하고 있다. 서울대학교 교육학과를 졸업하고 교육인적자원부 국비유학생으로 선발되어 미네소타대학 교육심리학과에서 석사, 박사 학위를 취득한 후 Developmental Studies Center Research Associate, 한국청소년상담원 상담교수, 경인교육대학교 교육학과 교수를 역임하였다. 『학습부진 영재아동』『특수아동상담』『학습장애아동의 이해와 교육』을 비롯하여 30여 권의 (공)저서가 있으며, 100여 편의 학술논문과 20여 편의 상담사례 논문을 발표하였다.

상담학 Best Practice 시리즈-상담 프로그램 영역 4

주의집중을 위한 학습전략 프로그램

2010년 4월 26일 1판 1쇄 인쇄
2010년 4월 30일 1판 1쇄 발행

지은이 • 김동일
펴낸이 • 김진환
펴낸곳 • (주) 학지사
121-837 서울특별시 마포구 서교동 352-29 마인드월드빌딩 5층
대표전화 • 02)330-5114 팩스 • 02)324-2345
등록번호 • 제313-2006-000265호

홈페이지 • http://www.hakjisa.co.kr
커뮤니티 • http://cafe.naver.com/hakjisa

ISBN 978-89-6330-372-7 93180

정가 11,000원